A ÉTICA NAS EMPRESAS

Título original:
Managing Corporate Ethics: Learning from America's Ethical Companies How to Supercharge Business Performance

Tradução autorizada da primeira edição norte-americana publicada em 1994 por Oxford University Press, de Nova York, EUA

Jorge Zahar Editor Ltda.
rua México, 31 sobreloja
20031-144 Rio de Janeiro, RJ
tel.: (021) 240-0226 / fax: (021) 262-5123

Capa: Carol Sá

CIP-Brasil. Catalogação-na-fonte
Sindicato Nacional dos Editores de Livros, RJ.

Aguilar, Francis J.
A236e A ética nas empresas / Francis J. Aguilar; tradução, Ruy Jungmann. — Rio de Janeiro: Jorge Zahar Ed., 1996.

Tradução de: Managing corporate ethics
ISBN 85-7110-381-X

1. Ética comercial. 2. Comportamento organizacional. 3. Executivos — Conduta. I. Título.

CDD - 174.4
96-1612 CDU - 174.4

Francis J. Aguilar

A ÉTICA NAS EMPRESAS

Maximizando resultados através de uma conduta ética nos negócios

Tradução:
RUY JUNGMANN

Jorge Zahar Editor
Rio de Janeiro

SUMÁRIO

Prefácio 7
Agradecimentos 9

1. O Superalimentador do Desempenho Organizacional 11

2. Começando com Liderança Bem Informada 33

3. Passando dos Princípios para a Prática 54

4. Reforçando o Compromisso Ético 86

5. Interessando as Pessoas Certas 113

6. Realçando o Caráter Ético da Empresa 136

7. Ativando o Superalimentador 162

Notas 177
Bibliografia 187
Índice Remissivo 190

Este livro é dedicado
aos numerosos homens e mulheres de talento
que diariamente administram suas empresas
com a preocupação de fazer o que é certo.

PREFÁCIO

A ética empresarial ocupa um lugar curioso nos corações e mentes de numerosos administradores de empresa. Por um lado repousa em um pedestal, como algo a ser admirado e que serve de estímulo aos demais; por outro, é cercada por uma aura negativa, como algo associado a problemas controversos, outra pedrada que administradores de empresa devem evitar. Além da confusão ocasionada por essas contradições, esses administradores também se sentem inseguros acerca do que é realisticamente viável ou de como agir na prática. Em conseqüência disso, no funcionamento diário de numerosas empresas, o assunto ética empresarial é muitas vezes posto em segundo plano — ou mesmo evitado.

Este livro trata da *administração* da ética na empresa. Seu objetivo não é convencer os leitores das virtudes inerentes à retidão moral. Nem toma partido no que diz respeito a controvertidas questões éticas específicas. Em vez disso, pretende fornecer a administradores alguma orientação sobre como motivar a conduta ética em toda a empresa e lhes dar algumas razões práticas irresistíveis para agir assim. O livro argumenta que, combinada a uma sólida estratégia de negócios, a ética na empresa cria um clima organizacional capaz de motivar iniciativas inovadoras e ousadas que são essenciais para obter e manter a excelência nos negócios. Neste sentido, padrões éticos estabelecidos pela alta administração e fomentados em toda a organização podem agir para superalimentar o motor do desempenho na empresa já bem administrada.

Qualquer leitor que procurar uma receita exata sobre como administrar a ética vai ficar desapontado. Na verdade, nenhum livro pode prescrever o que os administradores devem fazer e como devem agir para estimular o bom comportamento empresarial. O assunto é complexo demais e as situações de companhias individuais são bastante diversas para tal tipo de enfoque. O que este livro realmente faz é descrever como agem administradores em empresas éticas, por que eles agem assim e as circunstâncias em que assim procedem. Os leitores têm que transpor essas "lições" para adaptá-las às suas próprias circunstâncias.

Com o objetivo de tirar lições realísticas a partir da experiência de empresas que assumiram o compromisso de conduzir seus negócios de maneira ética, o autor entrevistou indivíduos em diferentes níveis organizacionais e com diferentes responsabilidades funcionais. Esta orientação foi seguida com vistas a descobrir como diferentes partes da mesma empresa interpretavam a ética empresarial e como as políticas e normas prescritas pelos administradores do mais alto escalão eram postas em prática nos níveis mais baixos. A importância de ir além dos administradores de alto nível e de porta-vozes em busca desta informação revelou-se na seguinte observação, feita pelo executivo-chefe de uma grande empresa: "Sei o que eu gostaria de ver como conduta ética em minha empresa. Sei o que eu *acho* que está acontecendo. Mas duvido que realmente saiba como a ética empresarial é vista e praticada nos níveis mais baixos, onde são executadas as operações do dia-a-dia."

Os resultados deste estudo revelam muito sobre o que realmente funciona e não funciona na implementação da ética empresarial. Mostram também que ela é um desafio sério e que exige atenção cuidadosa e execução hábil. Por último, trazem à luz o modo como a ética empresarial, ao proporcionar aos empregados e outros interessados a oportunidade de funcionar em uma atmosfera de confiança e respeito mútuo, pode fornecer a líderes empresariais condições favoráveis à promoção da inovação e aceitação de riscos, tão essenciais a longo prazo à excelência empresarial.

F.J.A.
Boston,
maio de 1993

AGRADECIMENTOS

São credores de minha maior gratidão os numerosos funcionários e gerentes que compartilharam seus pensamentos e experiências sobre ética empresarial. Foram generosos com seu tempo e, quase sem exceção, demonstraram que estavam pessoalmente interessados no assunto.

Sou grato também às muitas pessoas que contribuíram para a elaboração deste livro:

Professor Emeritus Kenneth R. Andrews, Professor Joseph L. Badaracco, Professor Livre-Docente J. Gregory Dees, e um crítico que permanece sem identificação por seus comentários úteis e palavras de estímulo;

Betsy Barker, Aimée B. Hamel e Karen E. Anderson pela capacidade notável no uso do processador de texto e pela boa vontade em refazer inúmeras vezes o manuscrito;

Herbert J. Addison, Vice-Presidente Executivo e Editor da Oxford University Press, pelo apoio amigo e sensível orientação;

E minha esposa Gillian, por suas reações, baseadas no bom senso, ao trabalho em andamento e por me estimular ao longo de todos esses anos.

F.J.A.

1

O SUPERALIMENTADOR DO DESEMPENHO ORGANIZACIONAL

Por que administradores de empresas iam *querer* chamar atenção para a ética empresarial em suas firmas? Se ninguém está se queixando de conduta contrária à ética, por que transformar isto em questão? Afinal de contas, a observância da ética empresarial pode custar dinheiro, a perda de vendas para competidores menos escrupulosos, o desperdício de tempo e energia, além de causar descontentamento onde antes ele não existia e dar origem a expectativas irrealistas sobre como a empresa deve ou não funcionar. Para alguns líderes empresariais, o velho ditado "se não está quebrado, não conserte!" pareceria especialmente apropriado no que concerne à ética.

O problema com essa forma de raciocínio é que ela ignora os riscos e custos de conveniência da não execução da conduta ética. As alegações amplamente divulgadas na mídia sobre práticas desonestas e escândalos envolvendo empresários e grandes empresas são lembretes poderosos da existência desses riscos. Empresas têm sido multadas e suas operações restringidas por medidas judiciais; executivos têm acabado na cadeia. As penalidades legais e regulamentadas, a perda da boa vontade no comércio, o embaraço pessoal e outras conseqüências negativas que podem resultar da má conduta fornecem um forte incentivo para que a alta administração dedique pelo menos alguma atenção ao assunto.

Mas há também um lado brilhante na ética. Como disse um dos principais líderes empresariais em atividade da nação, James Burke, recém-nomeado presidente do Conselho de Administração e executivo-chefe da Johnson & Johnson, ao receber, em 1987, o Prêmio Estadista Empresarial, do Clube da Escola de Administração de Empresas de Harvard, da Grande Nova York:

> Acredito que há uma necessidade profunda e intensamente humana de confiança, honestidade, integridade e conduta ética nas pessoas com quem

criamos importantes relacionamentos. Além do mais, acredito que este imperativo moral *deve* motivar as empresas a se esforçarem para satisfazer essa necessidade que diz respeito a todos os seus constituintes, clientes, empregados, todos os que delas dependem.

E, finalmente, acredito que as empresas que são mais consistentemente éticas em sua conduta serão, em média, mais bem-sucedidas!

A fim de corroborar seu argumento, de que as empresas éticas são em geral mais bem-sucedidas, Burke referiu-se a um estudo que demonstrava que um investimento de 1.000 dólares em 30 empresas com valores éticos acima da média valiam, após 30 anos, 4,7 vezes mais do que um investimento semelhante em uma média de empresas do índice Dow-Jones (701.150 contra 148.110 dólares). Conquanto esses números possam ser passíveis de contestação, o raciocínio — que o compromisso com a conduta ética gera relações empresariais produtivas e tira das pessoas o que elas têm de melhor — parece inatacável. Clientes, fornecedores, empregados e a comunidade em geral sabem quando são tratados de maneira positiva e construtiva, e tudo indica que responderão na mesma moeda.

Essas conseqüências — tanto negativas quanto positivas — são reais e importantes. Conforme demonstram os dois relatos seguintes, vidas pessoais podem ser corrompidas e empresas desencorajadas pela ignorância proposital de valores éticos ou, reciprocamente, estimuladas e energizadas pela administração hábil da ética nos negócios. As apostas são altas no caso. Os resultados finais para indivíduos e empresas podem ser ruinosos — como as muito comentadas derrocadas de Michael Milken e John Gutfreund e de suas empresas, Drexel Burnham Lambert e Salomon Brothers, ilustraram tão vividamente —, ou podem constituir uma poderosa liberação de vitalidade empresarial e aceitação inovadora de riscos — como revelam as experiências das empresas descritas neste livro.

Uma história de duas empresas

Em junho de 1988, Neil L. Hoyvald e John F. Lavery, presidente e vice-presidente da Beech-Nut, foram condenados à pena de prisão de um ano e um dia e receberam multas no total de 100.000 dólares por participação no que foi mais tarde descrito como "a mais grave confissão de ilícito penal por uma grande empresa" e "um caso clássico de ganância e irresponsabilidade empresarial". Os dois "haviam vendido milhões de garrafas de 'suco de maçã' que sabiam conter pouco ou nenhum 'suco de maçã' — apenas açúcar, água, flavorizante e corante. Os consumidores desse produto falsificado eram bebês".[1]

Sob pressão para reduzir prejuízos, a Beech-Nut, em 1977, dispensou seu antigo fornecedor de concentrado de suco de maçã, trocando-o por uma fonte menos cara. Em 1981, um cientista da empresa, especialista em controle de qualidade de alimentos, que havia monitorado o fornecimento, enviou um memorando à administração, manifestando a suspeita de que o concentrado de maçã usado na produção do "suco 100% de fruta" era uma mistura de ingredientes sintéticos. Na época, nenhum teste podia provar a adulteração. Como novo executivo-chefe, porém, Hoyvald sentiu-se pressionado a mostrar um melhoramento nos resultados financeiros à nova companhia-matriz, a Nestlé. Recusar o suprimento de baixo custo na base de evidência circunstancial estava fora de cogitação. A administração podia achar algum consolo no fato de que a questão de segurança não estava em jogo.

Em 1982, essa reserva mental foi derrubada quando a associação da indústria de suco processado de maçã começou a investigar acusações de adulteração em grande escala. A fim de evitar acusações, a Beech-Nut suspendeu o uso do concentrado sintético. Em vez de incorrer nas perdas que resultariam do recolhimento e destruição do produto, como insistia o chefe de controle de qualidade da firma e, mais tarde, servidores da Administração de Alimentos e Medicamentos, Hoyvald resolveu vender o estoque do produto, avaliado em 3,5 milhões de dólares. Procurando uma maneira de evitar um grande prejuízo financeiro

> ... Lavery e os outros convenceram-se — incorretamente, como se viu depois — de que um confisco era iminente. Após consultas com Hoyvald, executivos da empresa resolveram transferir todo o estoque do suco contaminado para fora da jurisdição do Estado. E assim, na noite de 12 de agosto, nove carretas... foram carregadas com 26.000 caixas de suco e levadas em uma caravana fantasmagórica do Estado de Nova York para um armazém em Secaucus, N.J. Uma das mais respeitáveis empresas produtoras de alimentos da América fugia da lei como se fosse um contrabandista de bebidas.[2]

Posteriormente, a Beech-Nut vendeu milhares de caixas do suco falsificado em mercados do Caribe, enquanto seus advogados usavam de táticas de contemporização com órgãos federais e estaduais.

Em 1987, a Beech-Nut reconheceu ser culpada de 215 acusações de violação de leis federais sobre alimentos e medicamentos e concordou em pagar uma multa de 2 milhões de dólares, até esse momento a mais alta imposta nos 50 anos de história da Lei de Alimentos, Medicamentos e Cosméticos. A despeito desse reconhecimento de culpa, os dois mais altos executivos declararam-se inocentes e foram submetidos posteriormente a julgamento.

Ninguém poderia ter previsto essa reviravolta dos fatos que envolviam esses dois homens. Hoyvald tivera até então uma carreira exemplar e era respeitado na indústria por seu sucesso anterior em recuperar uma grande companhia de alimentos, que enfrentara tempos difíceis, ao enfatizar a questão da qualidade. "Lavery era conhecido como exemplo de probidade e retidão. 'Ele era tão honesto e meticuloso quanto se poderia desejar', disse um colega. Lavery era presença obrigatória na Igreja Metodista, na junta de educação e em organizações comunitárias."[3]

Como uns indivíduos tão respeitáveis puderam se envolver em infrações legais tão graves? Uma versão dos fatos deu a seguinte resposta a esta pergunta:

> Os empregados da Beech-Nut envolvidos no caso não eram patifes empedernidos que perpetravam um trambique descarado. Eram homens honestos e muito respeitados. O deslize para uma conduta ilícita requereu um forte catalista: a Beech-Nut estava sob forte pressão financeira e, usando concentrado barato, falsificado, economizou milhões de dólares. Mas a decisão exigiu também um clima pernicioso de busca de razões plausíveis, mas inverídicas, auto-ilusão e recusa em ver a situação como ela de fato era. Aparentemente, os executivos da Beech-Nut convenceram-se de que o que estavam fazendo era apenas uma pequena trapaça inócua.[4]

O artigo prosseguia, descrevendo o tipo provável de raciocínio que fora usado para desculpar esse comportamento:

> A prova sugere que os empregados da Beech-Nut usaram dois principais argumentos para justificar sua conduta e aliviar a consciência. Em primeiro lugar, acreditavam que muitas outras companhias estavam vendendo suco falsificado. Por que, então, seria tão ruim que a Beech-Nut fizesse a mesma coisa, a fim de permanecer competitiva? Em segundo, estavam convencidos de que o suco de maçã, mesmo adulterado, era inteiramente seguro.[5]

O esforço que Hoyvald e Lavery fizeram para distorcer a realidade e justificar para si mesmos o próprio comportamento é digno de nota. A decisão de ambos de enfrentar julgamento, a despeito da massa de provas contra eles, foi explicada da seguinte maneira: "Segundo a maioria dos relatos, ambos ainda estavam convencidos de que nada haviam cometido de mais grave além de um erro de julgamento. Aparentemente, Hoyvald e Lavery consideravam-se patriotas empresariais."[6]

Esta história demonstra que a omissão em seguir padrões éticos pode ser uma ladeira escorregadia, que corrompe imperceptível e implacavelmente os valores e a moral do indivíduo. À medida que aumentam as pressões para que apresentem bom desempenho financeiro, altos administradores são motivados a depender cada vez mais de seus subordinados para obter resultados favoráveis e a ser menos exigentes sobre a maneira como eles são obtidos. Embora o desempenho medíocre não tenha necessariamente que resultar em conduta antiética, ele, na verdade, põe em risco a capacidade da empresa de permanecer em alto terreno moral.

O custo da conduta antiética pode ir muito além das penalidades legais, notícias desfavoráveis na imprensa e prejuízos nas relações com clientes. Muitas vezes a conseqüência mais grave é o dilaceramento do espírito organizacional. Em alguns casos, empregados se consideram vítimas diretas, como quando os operários, sob condições de trabalho perigosas, são inadequadamente protegidos, ou quando gerentes são transformados em bodes expiatórios pelos resultados de liderança medíocre dos altos executivos. Em outros casos, são obrigados a praticar atos repreensíveis, como, por exemplo, quando empregados designados para supervisionar um contrato com o governo são instruídos a onerar outra conta para a qual ainda há verba. O ressentimento invariavelmente transborda dos indivíduos diretamente comprometidos com outros na empresa. Alguns indivíduos que não foram afetados sentem-se ofendidos pela insensibilidade daqueles que parecem colocar seu auto-interesse acima de tudo. Alguns temem que eles também possam ser usados ou maltratados quando isto servir aos interesses de algum chefe. Quando essas apreensões se espalham, o orgulho e o entusiasmo do empregado são substituídos pela desconfiança e descontentamento e, finalmente, por um mal-estar geral na empresa, para não dizer hostilidade, como é revelado no excerto abaixo de uma carta escrita em 1987 por um operário horista da General Motors:

> Sabendo que nunca tive oportunidade de ser alguma coisa dentro da empresa, a próxima medida óbvia era tornar-me ativo no sindicato local, e foi o que fiz. Nesse momento, eu tinha uma causa... foder os filhos-da-puta da administração, que foram bons demais para reconhecer em mim outro ser humano... Voltei-me contra os bons e os maus gerentes. Isto para mim não fazia diferença.[7]

Não seriam necessárias muitas pessoas com essa atitude para solapar a capacidade da companhia de funcionar eficazmente.

Da mesma maneira que a conduta antiética tem o potencial de arruinar a empresa, o comportamento ético tem o de contribuir, de forma importante, para a obtenção da excelência empresarial. O relato seguinte mostra como a alta administração, aproveitando a atmosfera organizacional de confiança e respeito mútuo gerada por comportamento ético, pôde motivar gerentes de unidades operacionais a se mostrarem mais inovadores e empreendedores no desempenho de suas atividades.

Dover Corporation

A Dover Corporation é uma das mais importantes fabricantes de produtos industriais. O relatório anual da empresa menciona mais de 40 diferentes linhas de produtos, incluindo itens tais como elevadores, bombas de óleo, válvulas, equipamento automatizado de montagem de placas de circuitos impressos, prensas articuladas, medidores de fluxo, máquinas para amassamento e sucateamento de carros, parquímetros, empilhadeiras hidráulicas, rolamentos, vedações especiais e equipamento comercial de cozinha. Por qualquer padrão, era excelente o desempenho econômico da empresa. As vendas aumentaram de 362 milhões em 1976 para mais de 2,2 bilhões de dólares em 1992, os lucros de 31 milhões para 130 milhões de dólares e fluxo de caixa de 37 milhões para 207 milhões de dólares. O lucro médio por ação negociada em Bolsa alcançou 15,9%.

Esse sucesso teve por base uma poderosa estratégia empresarial que associava um leque de atividades diferentes com oportunidades atraentes de lucro e motivava os gerentes das unidades operacionais a trabalhar muito e bem. As maneiras como os altos padrões de conduta ética da Dover contribuíram para o invejável desempenho da empresa foram reconhecidas tanto pelos altos administradores quanto pelos gerentes das unidades operacionais.

Opiniões da administração da empresa

A habilidade da Dover em motivar seus gerentes operacionais para atingirem níveis superiores de desempenho teve importância crítica para a estratégia da empresa. Gary Roubos, presidente e executivo-chefe, descreve o enfoque básico adotado:

> Acreditamos sinceramente na autonomia das divisões. Não fazemos tentativa alguma de administrar, da sede da empresa, as nossas atividades. Entendemos como tarefa da alta administração providenciar para termos certeza de que haverá sempre a pessoa certa como presidente-executivo das nossas empresas e disseminar para outras áreas o conhecimento de boas idéias surgidas em um determinado setor da Dover. Nossos presidentes de companhias são bem pagos, mas não exageradamente. Contam com fortes programas de

incentivos a longo prazo, baseados nos resultados de suas companhias, e recebem 100% do rendimento psíquico derivado da administração de empresas bem-sucedidas. Não são criticados após o fato, não são cobrados por um bocado de gente da alta administração, e seus chefes não aparecem correndo para ficar com a glória quando as coisas correm bem.

Embora graduados executivos de linha tivessem o cuidado de não interferir nas decisões dos gerentes das unidades operacionais, eles, em hipótese alguma, abdicavam das suas responsabilidades de liderança. Em vez disso, consideravam-se no dever de inspirar novas iniciativas, alertar para possíveis perigos e, mais importante, escolher e dar todo apoio aos presidentes das unidades. Lewis Burns, presidente e executivo-chefe da Dover Industries, Inc. (uma subsidiária de propriedade total da Dover Corporation), deu uma perspectiva desse enfoque positivo da administração ao descrever como dirigia as oito companhias que lhe eram subordinadas:

> Uma de minhas responsabilidades mais importantes é ajudar as pessoas a verem as possibilidades que lhes estão abertas. Muitas vezes, elas não são suficientemente imaginativas e enérgicas. Comprar um concorrente? Alguns presidentes julgavam essa medida fora de cogitação. Nós perguntamos: "Por que não?" Muitas grandes empresas reprimem a iniciativa e a imaginação ao impor controles excessivos e normas de apresentação de relatórios às suas unidades operacionais. Pouca energia sobra para operações enérgicas de administração quando temos que lutar com a burocracia. A Dover não funciona assim. Vejo meu cargo como o de um chefe de torcida e estimulo meu pessoal a pensar grande.
>
> Claro, quando descobrimos que temos um puro-sangue à frente de uma de nossas companhias, não o atrapalhamos. Deixamos que ele ganhe dinheiro para os acionistas e os empregados.

Como esses comentários revelam, o pressuposto operacional básico da filosofia administrativa da Dover é que indivíduos capazes trabalharão bem se lhes for entregue uma boa firma e se forem encorajados a exercer sua própria iniciativa. Este método encerra importantes implicações éticas que envolvem confiança e caráter. Paul Nickel, vice-presidente financeiro da Dover Industries, explica essa ligação:

> O estilo de operações descentralizadas da Dover requer de nossa parte um volume imenso de delegação de poderes e confiança nos administradores de nossas companhias. Para que o sistema de delegação funcione, a empresa precisa de indivíduos dotados de integridade, franqueza, natureza apolítica e autoconfiança. A companhia não quer uma burocracia que atue como cão de guarda das operações. Isto simplesmente custa dinheiro e, na verdade, jamais funciona realmente.

> Quando compramos uma empresa, um volume imenso de tempo é gasto na avaliação de seu presidente. Burns, em especial, quer saber como essa pessoa pensa e se comporta. Quer saber se ele ou ela se encaixam em nossa maneira de agir e, com esse objetivo em vista, fará o que for necessário para conhecer o caráter da pessoa.
>
> O estilo Dover requer também que esses gerentes tenham fé e confiança na alta administração. A fim de merecer essa confiança, temos que ser receptivos ao nosso pessoal e cuidar bem dele. Esta atitude tem que ser sincera. Neste particular, ninguém pode enganar ninguém por muito tempo.

O comentário acima deixa clara a importância que a alta administração da Dover atribui à criação de uma atmosfera de confiança e respeito mútuo como condição básica para trazer à luz as energias criativas da empresa. Grande cuidado é dado ao trabalho de selecionar indivíduos competentes e inteligentes. Outra condição essencial é que sejam pessoas íntegras. A receptividade, tão essencial à adaptação à empresa, é cultivada com cuidado pelos altos administradores na maneira como lidam com seus subordinados e entre si.

Opiniões da gerência operacional

A importância da receptividade e da competência na construção de uma atmosfera de confiança é evidente também nas opiniões e experiências de gerentes das unidades operacionais. Gene Shanahan, que deixou uma grande firma industrial um ano antes para ingressar na Dover como presidente da Dieterich Standard — uma das principais fabricantes de instrumentos de medição de fluxo, localizada em Boulder, Colorado, com vendas anuais de cerca de 16 milhões de dólares e pouco menos de 100 empregados —, compara as duas empresas e menciona algumas vantagens no ambiente mais confiante:

> Meus primeiros dias de trabalho na Dover coincidiram com a reunião bienal mundial com o presidente. Fiquei absolutamente atônito durante algumas das exposições, quando presidentes de várias companhias Dover reconheceram abertamente a existência de problemas em suas empresas e mesmo erros que haviam cometido. Em minha experiência anterior, ninguém ousaria criticar abertamente o desempenho de outrem... e especialmente o seu próprio.
>
> No devido tempo, vim a compreender que essa disposição de reconhecer abertamente a existência de problemas beneficiava a todos os interessados. No caso de um presidente de companhia, essa atitude pelo menos desperta a simpatia daqueles que compreendem o problema, mas não têm solução a oferecer. Com sorte, alguém poderá dar um conselho útil. Outro benefício

> dessa franqueza no nível operacional de companhia residia no fato de servir para informar à alta administração. Ela precisa ter uma idéia clara das operações — tanto de problemas quanto de oportunidades — para sentir-se satisfeita com a maneira como estamos administrando as empresas e para nos oferecer orientação, sempre que for possível.

.Shanahan comentou ainda como a alta administração estimulava uma atmosfera aberta entre os níveis de matriz e unidades operacionais:

> Gary (Roubos) e Lew (Burns) são pessoas muito acessíveis. Há pouquíssima gente em ambos os níveis, o que elimina políticas internas e permite comunicações que não precisam ser filtradas por níveis intermediários. Este contato direto, por sua vez, não deixa nenhum espaço para a ocultação de problemas.
>
> Lew visita a Dieterich duas ou três vezes por ano. Durante as visitas, arranja tempo para andar pela fábrica, conversando com os empregados. Não há a menor dúvida de que, para ele, nossas atividades são importantes e que se interessa por elas. Ainda assim, a responsabilidade para fazer com que a companhia funcione termina em meu nível. Um bom exemplo desta situação ocorre todos os anos em relação ao nosso plano anual, que se baseia no que a administração da Dieterich acredita ser possível. Lew nem aprova nem rejeita esses planos. Além do mais, não critica, se ficamos aquém de nossas metas. O plano de incentivo à administração com prêmio em dinheiro e o orgulho profissional nos motiva a atingir a meta.

Esses comentários de Shanahan sobre a importância da confiança foram repetidos por Louise O'Sullivan, presidente da Groen, uma tradicional fabricante de equipamento de processamento e fornecimento de alimentos, adquirida pela Dover em 1967.

> Conheço grandes empresas de produtos alimentícios onde o pessoal mais graduado gasta dois dias, todos os meses, passando em revista as operações com o intuito de certificar-se de que as coisas correm bem. Esse número equivale a 24 dias por ano dedicados à busca e às evasivas. Na Dover, evitamos tudo isso, porque confiamos em que cada um de nós cumprirá o seu dever.
>
> Certamente que eu quero fazer as coisas certas em meu trabalho. Em primeiro lugar, tenho um forte senso de integridade pessoal e gosto de dormir bem à noite. Em segundo, a confiança que meus superiores têm em mim reforça este senso de fazer o que é certo. Pessoas como Gary Roubos, Tom Sutton (presidente do Conselho de Administração da Dover) e Lew Burns são típicos dos heróis de nossa cultura empresarial. Eu sentiria uma enorme vergonha se não pudesse ficar à altura de suas expectativas, tornando a Groen bem-sucedida da maneira correta.

Nessa referência à "enorme vergonha", O'Sullivan menciona uma das forças motivadoras mais poderosas. Tendo-lhe sido confiado o desempenho e a prosperidade da Groen e de seu pessoal, ela se sente estimulada a internalizar os altos padrões da empresa. O desejo de aprovação condiciona-a a realizar um trabalho de qualidade superior de forma ética. Essa atmosfera estimulante favorável repousa diretamente sobre três elementos da estratégia empresarial da Dover: 1) colocar nos cargos de direção indivíduos da mais alta qualidade; 2) adquirir empresas sadias com potencial de crescimento; 3) conceder a essas pessoas encorajamento e liberdade para aumentar o rendimento de suas unidades. O'Sullivan foi escolhida em 1985 para dirigir a Groen por causa de sua experiência e talentos. Sob seu comando, a Groen criou várias linhas de produto com vistas a explorar novos padrões de consumo de alimentos e assumiu uma posição de liderança na aplicação de tecnologia eletrônica de controle do equipamento convencional de processamento e fornecimento de alimentos. Em 1992, a Groen estava se preparando para invadir o mercado doméstico com uma combinação revolucionária de forno de convecção e aparelho de cozimento a vapor, que poderia reduzir o tempo de preparo de um peru de grande tamanho de quatro para uma hora, e produzir carne mais suculenta e tenra. Essa iniciativa representaria um rompimento da estratégia empresarial da Dover, de focalizar-se exclusivamente em mercados industriais.

O próximo comentário de O'Sullivan dá uma idéia do senso de liberdade que ela experimenta ao fazer o que é certo.

> A companhia vende a maior parte de seu equipamento a distribuidores para usuários finais. Consultores são freqüentemente contratados para aconselhar usuários quanto ao equipamento a comprar. Alguns desses consultores esperam que as empresas fabricantes lhes paguem alguma coisa para ter seu equipamento especificado. Esses pagamentos são indubitavelmente contra a ética e, por isso, a Groen se recusa a fazê-los. Esta atitude torna alguns de nossos distribuidores infelizes, porque perdem vendas como resultado da política da companhia.

Quando lhe perguntaram por que a companhia estava disposta a perder dinheiro por recusar-se a participar de uma prática que não era necessariamente ilegal, O'Sullivan respondeu:

> Em primeiro lugar, é um saco sem fundo. Se subornamos um, temos que subornar os outros, e a importância que pedem subirá. Em segundo, arriscamo-nos a perder a confiança dos consultores que não aceitam dinheiro. E, por último, poríamos em risco a integridade de nossa companhia. Se começarmos a praticar ações antiéticas em uma parte de nossos negócios, isto emitirá um forte sinal de que outras pessoas podem bancar sabidas em outras partes de nossas atividades. Este fato destruiria a substância desta companhia. Dependemos demais de cada um poder confiar no outro.

A preservação do estofo ético da empresa era assunto prioritário para a alta administração da Dover. Para dar apenas um exemplo, a decisão de comprar ou não uma grande fabricante de parquímetros, com perspectiva de excelente lucratividade, dependeu do efeito que essa operação poderia produzir sobre o clima ético da Dover. O motivo da preocupação era que o pagamento de "bolas" poderia ser uma prática geral na indústria na concorrência por grandes contratos com prefeituras. A alta administração não queria expor desnecessariamente a Dover a influências corruptoras. Além do mais, temia que a associação voluntária com um negócio moralmente duvidoso pudesse enviar uma mensagem errônea às muitas unidades operacionais da empresa, solapando os altos padrões éticos que haviam sido cultivados com tanto cuidado ao longo dos anos. Só quando se convenceu de que essas práticas ilícitas não eram comuns é que o executivo-chefe da Dover autorizou a aquisição.

Superalimentador ético

As histórias acima revelam importantes inter-relações entre desempenho e ética empresarial. Na Beech-Nut, vimos a influência corruptora que o desempenho medíocre pode gerar. Ao perder capacidade de atingir seus objetivos econômicos através de uma conduta correta e ética, as pressões começaram a aumentar para que a empresa aceitasse atos marginais ou mesmo contrários à ética. Esforços podem ser feitos para justificar transigências éticas com raciocínios do tipo "outras companhias fazem a mesma coisa" ou "na verdade, não prejudicamos ninguém". Mas à medida que despesas são cortadas e pessoas e relações são tratadas com pouco-caso, a reputação de integridade da firma e o seu comportamento cristalino provavelmente sofrem.

Em contraste, como vimos no caso da Dover, a capacidade da alta administração de manter altos padrões de conduta empresarial ética depende muito de sua habilidade em prover forte liderança. A idéia de que só firmas lucrativas podem ser éticas, embora não inteiramente verdadeira, reflete a importante função capacitante que o desempenho bem-sucedido exerce em qualquer esforço para promover conduta empresarial ética. O bom desempenho em matéria de lucro que a liderança forte pode obter oferece à administração da empresa espaço para aceitar custos que podem advir quando se fazem coisas que são moralmente corretas.

As relações recíprocas — os impactos da conduta ética sobre o desempenho empresarial — revestem-se de especial interesse a esta altura, na medida em que respondem à pergunta inicial deste capítulo, de o por que administradores devem realmente se importar com a ética empresarial. Os custos potenciais da má conduta — tais como ressentimentos dentro da empresa, perda de negócios e litígios judiciais dispendiosos — podem ser facilmente identificados. Da mesma forma, é em geral aceita a idéia de que conduta empresarial ética pode reforçar boas relações da empresa com clientes, fornecedores e empregados. Entretanto, esta última observação, embora verdadeira, geralmente não faz justiça ao que é, justificadamente, o benefício mais importante que o forte compromisso com um alto padrão ético pode propiciar ao tumultuoso ambiente empresarial — isto é, aprofundar sentimentos de confiança e respeito mútuo, que são fundamentais para liberar energias inovadoras e empreendedoras latentes na empresa.

Vejamos o que é necessário para que uma empresa se torne inovadora e auto-renovável com a passagem do tempo. Evidentemente, ela precisará de pessoas inteligentes, que compreendam o ramo de negócio e sejam capazes de prever oportunidades e ameaças potenciais. A presença de indivíduos dotados dessas qualidades, no entanto, não será em si suficiente. Eles devem também estar dispostos a agir e defender com ardor suas idéias para que a empresa tenha lucro. Mas como qualquer gerente-geral experiente sabe, grandes inovações e decisões estratégicas implicam em geral grandes incertezas e riscos. Exigem que decisões sejam tomadas com compreensão limitada das forças em ação, desafiando idéias tradicionais e enfrentando uma cadeia incerta de fatos e resultados. Podem implicar perturbar relações tradicionais com fornecedores e clientes, abalar métodos estabelecidos de manufatura e comercialização de produtos e o realinhamento do poder e da influência de gerentes individuais.

Uma vez que os pretendidos benefícios de grandes mudanças organizacionais e estratégicas são em geral muito mais incertos do que os custos a eles associados, uma argumentação pode ser sempre apresentada defendendo a manutenção do *status quo* ou, no máximo, a realização de pequenos ajustes. Advogar ousadas medidas estratégicas e propostas altamente inovadoras traz costumeiramente em seu bojo riscos pessoais, uma vez que a análise criativa raramente pode ser provada — dependendo, como acontece, de introvisões conjecturais e de julgamentos difíceis — e uma vez que é provável que mudanças radicais provoquem oposição. Conseqüentemente, muitas boas idéias jamais vêem a luz do dia por causa do medo da maneira como outras pessoas possam condenar a análise ou mesmo usar a ocasião para desacreditar seus proponentes. E mesmo nos casos em que iniciativas ousadas são aprovadas e postas em prática, o defensor da idéia ainda corre o risco de que o esforço possa fracassar devido ao apoio insuficiente na empresa, às reações competitivas radicais ou mesmo a outros fatos imprevisíveis.

Embora certos processos organizacionais — tais como o emprego de equipes, medições apropriadas de desempenho e recompensas por sucesso — possam estimular o pensamento inovador, a disposição do indivíduo de se arriscar é influenciada pela maneira como espera ser tratado se surgirem dificuldades ou se o curso de ação que propõe não corresponder às expectativas. Ele terá que acreditar que seus superiores o respeitam e que o tratarão de modo positivo e construtivo. Em conseqüência, à medida que o compromisso da administração com a ética empresarial gera respeito e confiança, cria também condições favoráveis à aceitação de riscos e à inovação. Sendo apreciadas e sentindo-se seguras, pessoas mostram-se mais dispostas a propor idéias anticonvencionais e a se empenhar numa construtiva troca de idéias.

Ter pessoal inteligente e competente e encorajar iniciativas mediante redução do risco pessoal são condições essenciais à empresa criativa. Mas, para que novas idéias tenham sucesso na prática, mais uma condição pode ser de importância vital em todas as firmas, menos as menores. Esta terceira condição, tão evidente na Dover Corporation, é a existência de uma empresa disposta a cooperar e apoiar, e não a se entregar a desconfianças internas, politicagem e conflito. A vantagem para a inovação e a renovação na empresa reside não só no fato de que as diferentes unidades operacionais e departamentos funcionais que possam contribuir para uma iniciativa fornecem conselhos construtivos e estímulo durante os primeiros estágios, enquanto as novas idéias ainda são imperfeitas e vulneráveis, mas também no fato de mais tarde poderem fornecer o apoio ativo que talvez seja de importância fundamental para um bom resultado.

Entre os três fatores mencionados acima, que dão energia à inovação e à renovação empresarial — pessoal inteligente, risco pessoal reduzido e apoio da empresa —, os dois últimos dependem diretamente de uma atmosfera de confiança e respeito. A construção e a manutenção da confiança na empresa, por seu lado, dependem das pessoas se tratarem com consideração e interesse mútuo. Esse comportamento constitui o núcleo da ética empresarial. E assim, com efeito, um clima empresarial ético pode *superalimentar* a empresa bem administrada e bem posicionada, ajudando-a a liberar idéias criativas e encorajando o acompanhamento cooperativo posterior das medidas tomadas.[8]

Esse efeito de superalimentação da ética empresarial, contudo, não ocorre espontaneamente. Como é evidente em empresas que conseguiram elevar suas potencialidades de inovar e assumir riscos, um esforço deliberado de administração é necessário para usar essa poderosa força de alavanca. O Capítulo 7 amplia essa observação. O corpo deste livro examina a maneira como gerentes podem criar um mecanismo superalimentador, reforçando o compromisso da empresa com práticas éticas.

Compreendendo o desafio da ética empresarial

Uma comparação entre empresas que tiveram ou não sucesso em motivar conduta ética em seu pessoal revela uma diferença muito clara na maneira de pensar sobre o assunto. Uma idéia comum, se não tradicional, da ética empresarial é que ela se centraliza em ações de indivíduos, que é orientada para solução de problemas, que os problemas tendem a ser extraordinários e que ocorrem esporadicamente, em ocasiões de pressões ou tentações incomuns. A maioria das violações da ética noticiadas na imprensa inclui-se nesse padrão. Além do mais, segundo esse conceito, o trato de questões éticas envolve principalmente a aplicação dos princípios morais apropriados e, devido à natureza excepcional desses problemas, constituem responsabilidade da alta administração.

Em contraste, o enfoque e a experiência de firmas que adotam conduta ética sugerem uma idéia muito diferente do assunto. Para essas empresas, o contexto organizacional é uma consideração relevante, juntamente com as ações das pessoas; evitar problemas é um desafio tão grande quanto enfrentar os que já existem; e a ética empresarial é considerada como inerente às ações do dia-a-dia, e não apenas a grandes dilemas éticos ou violações gritantes da conduta aceitável. Conquanto a alta administração desempenhe um papel de grande vulto na promoção e implementação da ética nas empresas, pessoas em todos os níveis também participam ativamente da formulação do pensamento ético. E muito embora princípios morais forneçam padrões, os indivíduos que proporcionam liderança ética confiam também na sabedoria da experiência prática quando formam juízos de valor.

A diferença entre os dois conceitos de ética empresarial pode gerar grandes conseqüências no tocante ao que os gerentes são motivados a fazer e na maneira como é provavel que as empresas reajam. A opinião tradicional define um alcance muito mais restrito para preocupação: gerentes, de modo geral, acham que a empresa satisfaz os requisitos no tocante à ética enquanto não enfrentar problemas morais extraordinários. O fato de que empregados possam se ressentir da maneira como são tratados, ou se mostrarem cínicos a respeito das intenções da administração, não seriam considerados como uma questão ética. O fato da companhia ter passado por um trambique que ninguém notou provavelmente será mais motivo de piada do que de lamentação. No pior caso, a ética empresarial é tratada como sendo, na melhor das hipóteses, uma espécie de roupa domingueira ou um traje de cerimônia a serem usados apenas em ocasiões especiais.

O conceito alternativo, evidente nas empresas éticas estudadas, é de natureza muito mais abrangente. Considera a ética como tendo relevância geral, no sentido em que todas as decisões e ações podem ter conseqüências éticas. Essas conseqüências podem ser diretas, como acontece quando o bem-estar de alguém é afetado por decisões ou ação, e indiretas, caso em que o impacto é produzido sobre o clima moral da empresa. Por exemplo: a decisão de um gerente de produção de refazer uma fornada porque a qualidade, mesmo que apenas ligeiramente inferior, afetaria diretamente a maneira como o cliente é tratado. Ela pode também tornar os trabalhadores envolvidos e todo o departamento mais conscientes da necessidade de fazer o que é certo.

Evidentemente, o desafio ético é muito maior para gerentes que adotam o conceito ampliado de ética empresarial do que para os que subscrevem o conceito tradicional. Nos termos do conceito mais amplo, casos pequenos e comuns de tratamento desrespeitoso causam preocupação, tanto quanto problemas prestes a acontecer e condições que poderiam ajudar a evitá-los ou pelo menos reduzi-los. Como resultado desse pensamento, gerentes são motivados a serem sensíveis às implicações éticas de qualquer decisão ou ação da empresa. São também estimulado a serem sensíveis às implicações éticas de quaisquer eventos ou fatos externos que possam ser relevantes, de forma importante, para a firma. Como tal, a ética empresarial transforma-se em mais um elemento da administração do dia-a-dia, juntamente com as operações e a estratégia competitiva.

Em última análise, o apoio e compromisso da empresa com padrões éticos serão pautados pela maneira como é administrada a área ética, amplamente definida. Afinal de contas, mais pessoas estão mais conscientes e são mais diretamente envolvidas e afetadas pelas considerações éticas das ações diárias no local do trabalho do que pelas grandes questões.

A incapacidade de altos administradores de lidar eficazmente com questões éticas banais terá forçosamente que minar a confiança da empresa em suas intenções e competência nesses assuntos. Sem essa credibilidade, não podemos acreditar que as pessoas desenvolvam a confiança e o entusiasmo necessários para enfrentar as numerosas tentações e pressões do ambiente normal do mundo dos negócios. Numa atmosfera de desconfiança, a ética empresarial é praticada com cautela ou indiferença, se absolutamente isto é feito.

Na verdade, a ética na empresa precisa ser considerada em sua definição ampla, se quisermos que tenha importância real para a conduta empresarial. A administração deve interessar-se profundamente pelas dimensões éticas das decisões e ações do dia-a-dia e ser eficiente ao lidar com elas, além das chamadas grandes questões, se quer proporcionar liderança moral.

Aprendendo com a experiência de empresas éticas

Uma companhia que planeja entrar em águas empresariais desconhecidas — como iniciar operações na Europa Oriental, por exemplo, ou adotar uma nova tecnologia de fabricação — costuma procurar conselho de firmas ou pessoas que tiveram sucesso em experiências semelhantes. O método do bom senso aplica-se também ao desafio de administrar a ética empresarial. O que se precisa neste particular é de informação útil sobre a maneira como empresas promoveram com sucesso conduta ética no enfoque de suas operações, na administração da ética em suas operações e sobre as conseqüências do que fizeram. Por sorte, é possível obter essa informação.

Algumas pessoas questionam a idéia da empresa ética, achando que nessa expressão há uma contradição de termos. E, na verdade, nenhuma empresa de grande tamanho e complexidade pode evitar a prática da má conduta, de um ou de outro tipo. Mas é provável que essa conduta seja muito menos grave e freqüente, no caso de empresas cuja alta administração proporciona liderança ética eficaz, do que naquelas que ignoram o assunto ou, pior ainda, são motivadas apenas pelo auto-interesse.

A empresa ética é definida, pelos nossos padrões, como aquela que conquistou o respeito e a confiança de seus empregados, clientes, fornecedores, investidores e outros, estabelecendo um equilíbrio aceitável entre seus interesses econômicos e os interesses de todas as partes afetadas, quando toma decisões ou empreende ações. As empresas mencionadas neste livro atendem a esse critério. Nenhuma deixa de ter suas deficiências éticas. Mas todas obtiveram uma clara medida de sucesso em promover sensibilidade empresarial a questões éticas e em assumir compromisso com uma conduta moral. Individualmente, podem nos ensinar como administrar a ética na empresa. Coletivamente, permitem-nos conceber um modelo da empresa ética.

As nossas principais fontes de informação foram a Armstrong World Industries, Cray Research, Dover Industries, General Mills, Hewlett-Packard, Johnson & Johnson, Lincoln Electric, Mark Twain Bancshares, ServiceMaster e Texas Instruments. Outras dez empresas — incluindo a Dow-Jones, Procter & Gamble, Goldman Sachs, Nucor Steel e Norton — proporcionaram também informações em uma base mais limitada. A seleção das empresas foi orientada pelo desejo de incluir variedade em tamanho, complexidade e linha de negócios. De conformidade com este critério, as empresas variam em tamanho de médias a muito grandes e, em diversidade de operações, de uma única empresa a mais de trinta. Representam também grande variedade de indústrias, incluindo alimentos processados, produtos para a saúde, equipamentos industriais, eletrônica de defesa, materiais para o lar, supercomputadores, atividades bancárias e serviços industriais de faxina.

A mistura especial de problemas e interesses éticos diferem de uma companhia a outra, refletindo-lhes o tamanho, tipo de negócio, pessoal e história. Diferem correspondentemente as ações específicas e enfoques gerais. Não obstante, há modelos e similaridades na maneira como conseguem motivar a sensibilidade a considerações éticas. Esta comparabilidade de experiência em uma larga faixa de contextos indica que essas empresas podem fornecer lições valiosas a administradores que enfrentam o formidável desafio da ética na empresa.

A despeito dos muitos aspectos característicos dos vários enfoques da ética seguida por essas empresas, todas elas demonstraram possuir em comum duas importantes capacidades. Em palavras simples, a primeira era evitar, em todos os casos possíveis, problemas éticos e, a segunda, enfrentar eficazmente os que porventura surgissem.

Evitando problemas éticos

A empresa ética é aquela onde os empregados são motivados naturalmente a se comportarem de modo ético no trabalho. Numerosos problemas dessa natureza são evitados porque as pessoas tornam-se hábeis em levar em conta os interesses de todas as partes afetadas por cada decisão ou ação. Como resultado de decisões bem pensadas da empresa, de manter-se longe de situações potencialmente incômodas, outros problemas éticos jamais surgem. Não é de surpreender que, para começar, a maneira mais fácil e eficaz de tratar de problemas éticos seja não tê-los. O aforismo "um grama de prevenção vale um quilo de cura" aplica-se tanto ao bem-estar físico quanto ao moral.

As firmas incluídas neste estudo são muito competentes em estimular a conduta ética e desencorajar a antiética. Como resultado, conseguiram eliminar muitas das controvérsias dispendiosas e grande parte do impacto desmoralizador que problemas éticos podem infligir às empresas no curso de suas operações normais.

Resolvendo problemas éticos

Por mais que se esforce, a administração jamais poderá evitar inteiramente os problemas. A fraqueza humana, a natureza inerentemente desnorteante de algumas situações éticas e o aparecimento de questões morais inesperadas constituem algumas das razões por que surgem violações e confrontos até mesmo nos ambientes empresariais mais nobres.

As empresas aqui estudadas são hábeis em enfrentar problemas éticos que não podem ser evitados ou previstos. A perícia neste particular abrange a capacidade de reconhecer e admitir as dificuldades morais que experimentam e a capacidade de reagir apropriadamente. Todo esforço necessário foi feito para satisfazer todas as partes interessadas, se não inteiramente, pelo menos procurando a melhor solução possível que refletisse um esforço diligente e honesto.

A liderança ética na empresa depende do sucesso da alta administração em evitar e resolver problemas dessa natureza. Sem o efeito moderador de uma cultura empresarial moral bem enraizada, o número e natureza de problemas éticos incômodos podem transcender a capacidade da administração de resolvê-los. Reciprocamente, problemas éticos controversos podem servir de teste do compromisso ético da gerência. A incapacidade ou má vontade em resolvê-los põem em dúvida o compromisso assumido e a capacidade da administração, solapando um bem administrado processo de ética empresarial; a solução eficaz proporciona uma confirmação e reforço valiosos, de grande importância, dessas qualidades.

Administrando o processo ético empresarial

A capacidade da empresa de evitar problemas éticos que podem ser evitados, de enfrentar os que não podem ser evitados ou que, erroneamente, não o são, e criar uma atmosfera organizacional de confiança e respeito mútuo, requer administração deliberada, hábil, constante e de aplicação geral. Como revelam as experiências das firmas estudadas, a tarefa de administrar o que poderíamos chamar de processo de ética empresarial exige ação em quatro frentes principais.

Desenvolvimento de sensibilidade ética. A primeira dessas ações exige que os altos administradores se informem da natureza do desafio da ética empresarial e se tornem sensíveis às questões relevantes nesse particular para suas empresas. Para começar, têm que tornar-se conscientes das dificuldades comuns que podem impedir a liderança ética. Essas dificuldades, que são capazes de frustrar um esforço bem intencionado, não são necessariamente óbvias a todos — mesmo a um experiente executivo — que tiveram pouca experiência de administração da ética na empresa.

Eles precisam também desenvolver sensibilidade às questões morais específicas que afetam ou ameaçam as empresas. Sem essa sensibilidade, podem, involuntariamente, provocar ou permitir a ocorrência de conduta imprópria. Algumas ações antiéticas não são menos condenáveis à parte ofendida ou aos olhos de outras pessoas — e, por conseguinte, não menos destrutivas da confiança na integridade moral da alta administração — simplesmente porque se situam fora da consciência ética da administração.

Forte estratégia competitiva e administração operacional. A segunda ação obrigatória no processo exige que a administração superior providencie para que a empresa seja bem gerida em todos os demais aspectos. Entre as companhias observadas, as que exibiam um clima ético mais favorável possuíam também uma forte liderança empresarial. Desempenho empresarial medíocre implica aproximar-se da linha que delimita a conduta aceitável — ou mesmo cruzá-la — a fim de evitar as conseqüências de fracassos. Sob pressão da diretoria ou de ameaças de absorção da empresa por outra, até mesmo administradores graduados com a melhor das intenções podem cair vítimas das atrações e da tirania do lucro. Em contraste, a administração forte e eficaz torna mais fácil o comportamento ético quando a empresa pode atingir suas metas financeiras observando

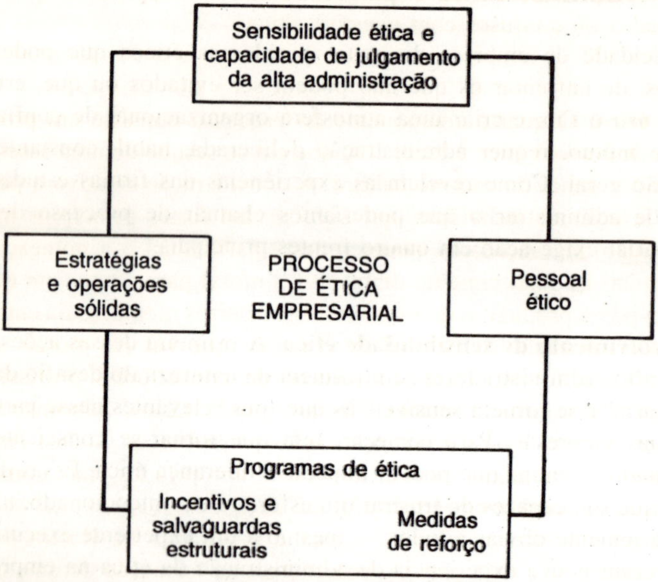

Ilustração 1-1 Medidas para administrar a ética na empresa

práticas empresariais respeitáveis. A administração forte e eficaz é também de importância fundamental para explorar o espírito criativo e aventureiro da empresa, logo que sejam desenvolvidos os requisitos indispensáveis de confiança e respeito mútuo.

Um programa ético na empresa. Com a existência de um alicerce de sensibilidade ética e gerenciamento eficaz, a alta administração está em condições de promover a conduta ética em toda a empresa — terceiro elemento necessário à administração da ética empresarial. As considerações básicas de um programa ético válido implicam a formulação de políticas e arranjos organizacionais que promovam a preocupação da empresa com os interesses das diferentes partes afetadas por suas operações e proporcionem garantias contra pressões corruptoras dos negócios. Esta estrutura básica precisa ser apoiada e estendida por uma grande variedade de medidas e práticas. Exemplos de esforços da administração para cultivar valores éticos na empresa incluiriam palestras inspiradoras, oferecimento de treinamento ético, fornecimento de bons exemplos, repressão da má conduta e auxílio a empregados que estão preocupados ou confusos com questões éticas.

Pessoal ético. O quarto componente do processo consiste em prover a empresa de pessoal ético e fazer com que ela se cerque de uma assessoria formada por gente do mesmo calibre. A consideração relativa a pessoal exige a seleção de indivíduos que subscrevam fortes princípios morais (e a rejeição de candidatos carentes neste particular) e a nomeação de pessoal hábil no fornecimento de liderança moral para cargos em que tal liderança possa produzir o maior efeito sobre outros membros da empresa. Cercar a organização de pessoal ético requer que valores morais sejam uma consideração importante na seleção de consultoress profissionais (jurídicos, financeiros, contábeis, fiscais, publicitários, administrativos etc.), fornecedores, companhias associadas (distribuição, sócios em empreendimentos conjuntos etc.) e, nos casos apropriados (tais como em certas áreas de marketing industrial), até de clientes.

As ações gerenciais descritas acima e mostradas na Ilustração 1-1 complementam-se e reforçam-se mutuamente na formação de uma orientação organizacional que fomente a conduta ética e desestimule a má conduta e ações desleais. Juntas, formam um enfoque abrangente da administração da ética empresarial.

Este livro examina cada uma das principais ações gerenciais. O Capítulo 2 descreve as principais dificuldades encontradas por administradores para promover a conduta ética na empresa e como podem ser realçadas a sensibilidade ética e a capacidade de julgamento. Os Capítulos 3 e 4 discutem programas éticos, começando com uma análise da estrutura de políticas e procedimentos da empresa para induzir a conduta ética e desestimular a má conduta e, em seguida, abordando as várias maneiras como administradores graduados reforçam e promovem o compromisso da empresa com essas práticas. O Capítulo 5 diz respeito a questões ligadas ao desenvolvimento da liderança ética na empresa. Uma vez que o principal argumento sobre gerência estratégica e operacional válida consiste em realçar o importante papel capacitante que excelentes resultados comerciais e financeiros desempenham na promoção de comportamento empresarial ético, e não em instruir especificamente sobre administração de negócios, esta dimensão particular é examinada em todo o livro, e não em um capítulo separado. As considerações especiais, relativas à adoção de um programa ético empresarial e ao aproveitamento da alavanca *superalimentadora,* que o clima ético na empresa pode oferecer para promover a inovação e a aceitação de risco, são discutidas nos dois últimos capítulos.

No que concerne a numerosos executivos, os desafios associados à ética na empresa podem ser diferentes de tudo que jamais experimentaram antes. O desenvolvimento de um *modus operandi* ético exige mais tempo do que imaginam ou estão dispostos a conceder. Além do mais, a tarefa jamais é inteiramente concluída; reveses forçosamente ocorrem e as forças de erosão atuam continuamente. É fácil também aceitar pelo valor aparente resultados superficiais e exagerados, solapando as fundações de todo o processo de ética empresarial. Na administração da ética na empresa, os resultados não são proporcionais ao esforço — e é mais provável que meias-medidas resultem mais em terreno perdido do que em meio progresso. A ética nos negócios é uma dessas atividades empresariais em que é importante fazer a coisa certa desde o começo.

2

Começando com Liderança Bem Informada

Uma das características mais notáveis e comuns às empresas estudadas é o compromisso profundo e duradouro de sua alta administração com a implantação de altos padrões éticos. Outro fato evidente é que esse compromisso, para ser eficaz, exige mais do que simplesmente boas intenções. As intenções têm que apoiar-se forçosamente na compreensão do problema, das forças envolvidas e das suas possíveis conseqüências. Só quando as *boas* intenções são também intenções *bem informadas* é que a administração tem condições de criar um contexto empresarial que motive e dê respaldo à conduta ética. O alto escalão precisa pôr em ordem seus próprios pensamentos e atos antes que possa corrigir os pensamentos e atos do pessoal subordinado.

Infelizmente, numerosos líderes, embora considerem a ética como relevante para as operações de suas empresas, caem na armadilha de subestimar as dificuldades inerentes ao desenvolvimento de um autêntico compromisso com a moral. Este erro talvez tenha contribuído mais para solapar o progresso da causa da ética empresarial do que qualquer outra coisa. Na colocação do problema, a questão da competência e da credibilidade da alta administração nesses assuntos é ignorada. Na verdade, esses líderes se comportam como se soubessem exatamente o que precisa ser feito, jamais questionando a qualidade de seu próprio entendimento. Para eles, o objetivo é simplesmente garantir que outros na empresa conheçam e assumam um compromisso com suas idéias. Esse tipo de pensamento, no entanto, será provavelmente presunçoso. Não há razão para que homens de negócios — até mesmo executivos hábeis e amadurecidos — possuam qualquer competência especial em raciocínio moral.[1] Nem estão eles necessariamente preparados para lidar com as sutilezas e complexidades inerentes a qualquer esforço para promover a conduta ética na empresa. Além do mais, existe ainda um intrincado fator adicional: os administradores — mesmo os que sejam competentes para tratar do assunto — enfrentam a necessidade de estabelecer a credulidade que merecerão neste particular. É provável que os empregados tenham menos confiança na competência e boas intenções da alta administração no que diz respeito à ética empresarial do que teriam em sua capacidade de dirigir as atividades de marketing, finanças, produção e compromissos com a rentabilidade. Nessas circunstâncias, até mesmo ações válidas da administração em assuntos éticos despertarão menos apoio na empresa do que os líderes poderiam estar acostumados em suas atividades administrativas rotineiras.

Neste capítulo, examinaremos algumas dificuldades especiais que eles poderiam encontrar ao tentar prover liderança ética. O relato que se segue de uma empresa de tamanho médio numa indústria ligada à defesa proporciona alguma idéia de como executivos de alto nível, ainda que condicionados por boas intenções, podem involuntariamente agir de modo contraproducente, se não houver pensamento prévio e preparação a respeito do assunto. Como acontece freqüentemente, o método usado, e condenado de antemão ao fracasso, parece sensato à primeira vista.

Um mau começo

Em princípios de maio de 1989, John Richards, executivo-chefe da Cybersyn Systems Incorporated (CSI), reuniu-se com Jay Wahlrig, presidente do Conselho de Administração, para discutir os padrões éticos da companhia.[2] Richards acabara de receber informações de que um vendedor técnico da CSI estivera implicado numa investigação a que fora submetido um agente de compras do Departamento de Intendência do Exército, no Comando de Comunicações Eletrônicas, em Fort Monmouth, New Jersey. Embora a alegada violação sobre o pagamento de despesas de entretenimento fosse considerada de pequena monta, ainda que verdadeira, Richards e Wahlrig estavam seriamente preocupados. A preocupação era motivada pelos altos padrões pessoais de integridade de ambos, bem como pela natureza grave dos riscos enfrentados pela companhia no tocante a uma possível má conduta na compra de materiais para defesa.

Os dois concluíram que a CSI "tinha que apertar as cravelhas". De acordo com Wahlrig, o código de conduta em vigor da Cybersyn, que servira bem à companhia durante quase 10 anos, não era mais suficiente para levar em conta as necessidades presentes e emergentes da indústria de defesa. No contexto da decisão de melhorar os padrões éticos da empresa, Wahlrig deu instruções à sua principal assistente administrativa, Janet Stahlmann, para fazer um levantamento das práticas vigentes na indústria. Como medida provisória, invocou a proibição total de quaisquer pagamentos de despesas de entretenimento com servidores públicos, constante do código de conduta da empresa.

Iniciando a investigação, Stahlmann compareceu a um seminário de dois dias sobre ética empresarial. O programa incluía oradores da divisão de compras do Departamento de Defesa, de órgãos de investigação criminal, e da General Motors, IBM, Texas Instruments e TRW, como modelos de implementação eficaz de práticas sancionadas pela indústria. Em seguida, reuniu cópias de declarações de ética de empresas, códigos de conduta, manuais de treinamento, roteiros de comunicação e materiais correlatos considerados espécimes-modelos ou que eram utilizados por companhias com o mesmo porte e missão empresarial da CSI. Trabalhando em colaboração com Wahlrig, Stahlmann passou duas semanas preparando a proposta de um programa de padrões empresariais para a CSI. Os principais elementos do programa diziam respeito a um código de conduta, comunicações, treinamento e um sistema de controles internos.

Até esse momento, a situação da CSI parecia muito promissora. Os dois administradores mais graduados, que estavam à frente da empresa há quase 35 anos, adotavam fortes valores morais, guiando-a em conformidade com tais valores. Entretanto, um problema ético potencialmente grave chamou-lhes a atenção e levou-os a agir imediatamente. Um membro competente e graduado da companhia reuniu grande volume de informações sobre as práticas e experiências de empresas que serviam de modelos para administração da ética empresarial. O presidente do Conselho dirigiu com grande interesse o estudo. Na verdade, a CSI estava seguindo o método prescrito nos manuais. Ainda assim, um exame atento revela que o processo apresentava graves defeitos.

O primeiro problema era a omissão da alta administração em pensar exaustivamente nos objetivos que queria atingir através do aprimoramento dos padrões éticos. Uma pergunta feita a Wahlrig e a Stahlmann sobre suas metas para o projetado programa produziu os seguintes comentários:

> WAHLRIG: Queremos evitar problemas. No ambiente moderno da indústria de defesa, é necessário que a empresa possa demonstrar que tomou as precauções adequadas no tocante à conduta ética, caso alguma prática questionável seja descoberta.
>
> STAHLMANN: Penso mais em termos de querermos ser vistos por empregados, clientes e pessoas estranhas como a empresa ética que somos.

WAHLRIG: Bom argumento. O importante é que nos esforçamos realmente para sermos éticos em nossas transações empresariais. Este programa deve ajudar-nos a fazer um trabalho melhor neste particular.

A troca de opiniões acima revela três objetivos muito diferentes. O primeiro comentário enfatiza uma perspectiva exculpatória. O principal interesse parece ser eximir a companhia de culpa no caso de má conduta por um de seus empregados. O segundo concentra-se em projetar uma imagem favorável. Ao contrário da perspectiva defensiva do primeiro comentário, este transmite um tom mais positivo e tem maior alcance em termos de público e objetivos. O terceiro comentário destaca a maneira como poderá ser melhorada a conduta empresarial. A administração da CSI, levada a agir por denúncia relativa à violação de regulamentos sobre contratação de serviços, permanece vaga sobre seus objetivos em relação ao programa ético. Sem um objetivo claro, a administração está mal posicionada para dar prosseguimento ao programa.

A segunda falha foi a maneira adotada pela alta administração para obter o conhecimento e a perícia de que necessitaria para introduzir mudanças no compromisso da empresa com altos padrões éticos. A assessora escolhida para ajudar o presidente do Conselho tinha pouca experiência prévia dos problemas de administração de ética empresarial e lhe foi concedido pouco tempo para inteirar-se bem do assunto. Suas informações vieram quase exclusivamente de fontes externas. No que não é de surpreender, o programa resultante foi na maior parte copiado dos de outras empresas, com pequenas modificações para ajustar-se às necessidades da CSI. Contudo, o possível desajuste entre o programa adotado e o estilo normal de ação da CSI não era necessariamente a conseqüência negativa mais grave. O método adotado por Stahlmann pouco fez para descobrir que problemas éticos — reais ou imaginários — poderiam estar perturbando os empregados da CSI. Como resultado, a empresa estava mal preparada para tratar desses assuntos de forma oportuna e bem informada.

A alta administração da CSI tampouco conseguiu criar condições favoráveis à obtenção de um compromisso geral do pessoal. A concentração de Stahlmann em fontes externas de informação não só restringiu a obtenção de dados, mas também negou aos gerentes operacionais a oportunidade de desenvolver senso de propriedade no programa ético. O programa, na verdade, tornou-se uma intervenção de alto para baixo. Mas o que o tornou ainda pior foi o tom negativo do código de conduta. Embora o preâmbulo focalizasse a ética em termos gerais e positivos, o miolo do documento era dedicado principalmente ao que os empregados tinham que aprender e o que teriam que fazer e não fazer. Na verdade, os padrões — abrangendo considerações tais como qualidade do produto, vendas, marketing, negociações, finanças e práticas de faturamento — descreviam a conduta legal e ética esperada de todos empregados e definia a que a empresa considerava como antiética. Pouca ou nenhuma atenção era dada à maneira como a empresa poderia tentar reduzir as pressões e tentações que motivavam a conduta antiética, ou como a alta administração tencionava tornar-se mais informada e sensível no tocante a essas questões. Seria fácil para engenheiros e outros empregados considerar o programa de ética como uma maneira de proteger a empresa, com pouco benefício pessoal para eles. Na verdade, a documentação detalhada (tal como exigir que os empregados assinassem declarações de que haviam lido e compreendido o código de conduta) que a CSI tencionava adotar tinha tudo para confirmar essas suspeitas.

Não obstante os elogiáveis valores morais e boas intenções dos altos administradores, parece que a CSI se dispunha a dar um passo para trás, e não para a frente, na direção de padrões éticos mais elevados. Na verdade, o senso de indignação e urgência pode ter levado a empresa a agir com precipitação. Como resultado, é mais provável que a medida pretendida provoque mais ressentimentos e desconfiança na empresa do que interesse e entusiasmo.

Mas a história da CSI não é incomum. A formação do caráter ético de uma empresa não é algo com que a maioria das administrações tenha muita experiência. É fácil cometer erros. Infelizmente, erros éticos não podem ser desfeitos com a mesma facilidade que erros econômicos. Uma perda operacional de 10 milhões de dólares é compensada por um ganho de 10 milhões; o indivíduo ou firma flagrados praticando embustes não se sairão bem contando a verdade na vez seguinte. O registro das falhas éticas tende a ser escrito com tinta indelével.

Impedimentos à liderança ética

No Capítulo 1, dissemos que a liderança ética repousa na capacidade da administração de evitar problemas dessa natureza em todos os casos possíveis e em resolver eficazmente os que de fato surgem. A tarefa de motivar empresas a se conduzirem eticamente, contudo, é muito mais difícil e trabalhosa do que a maioria dos administradores espera. Como mostra o caso da CSI, a incapacidade da administração de compreender as dificuldades especiais envolvidas e levá-las em conta irá lhe debilitar seriamente — ao que tudo indica — a capacidade de implantar melhoramentos profundos e duradouros na conduta ética da empresa. Essas dificuldades incluem: problemas na identificação e definição de questões éticas relevantes; falta de acordo sobre o que constitui a reação apropriada a problemas dessa ordem; a dificuldade inerente à solução de muitas questões éticas; e a relutância geral em discuti-las.

Problemas éticos ocultos e mal-interpretados

Como demonstram as duas histórias seguintes, pode ser difícil reconhecer os problemas éticos pelo que eles são. A primeira — a decisão da Burlington Northern Railroad Company, tomada em 1986, de implantar um programa logístico de análise de custo com ajuda de computador para fins de marketing — revela as muitas considerações éticas potenciais que podem ser inerentes a uma atividade que parece eticamente neutra. O modelo analítico destinava-se a mostrar aos clientes as vantagens em termos de custo do transporte ferroviário, em comparação com o rodoviário, quando fosse levado em conta todo o ciclo logístico (incluindo custos em trânsito, ciclo de produto, estoques de segurança e transporte). Os vendedores fariam os necessários cálculos usando um computador *laptop* no escritório do cliente.

Poucos administradores pensariam em examinar esse tipo de decisão, comum nos negócios, com um olho crítico para suas implicações éticas. Ainda assim, a implantação do programa ShipSmart da Burlington Northern apresentou uma grande variedade de possíveis conseqüências éticas. Uma vez que o modelo logístico destinava-se a ser uma grande ferramenta de marketing, por exemplo, seus criadores poderiam ser tentados ou induzidos a predispor o constructo analítico em favor do transporte ferroviário. (Embora o modelo fosse concebido para ser "fácil de usar", era sofisticado em sua estrutura interna, empregando algoritmos complicados para lidar com as complexidades da análise logística.) Analogamente, o que havia para impedir que um vendedor ativo da Burlington Northern utilizasse dados de insumo e suposições que favorecessem o transporte ferroviário, quando os números mais corretos podiam implicar a perda de um cliente importante? Os resultados definitivos do programa analítico — custos totais $X por ferrovia *versus* custos totais $Y por rodovia — elevavam as oportunidades de apresentação adulterada, quando comparados com os métodos anteriores de venda, que se baseavam numa mistura de números aproximadamente corretos e relações cordiais.

O cliente não era a única parte que corria risco. O que aconteceria com um vendedor de 62 anos de idade que vinha vendendo serviços ferroviários há mais de 30 anos na base de relacionamentos pessoais e que nunca usara um computador, quando a companhia exigisse que relizasse operações de computação em cima da mesa do cliente? E se essa pessoa fosse incapaz de dominar a nova técnica? Evidentemente, alguns empregados poderiam ser prejudicados pela decisão, criando mais problemas éticos.

O novo sistema de auxílio à decisão, ao chamar a atenção em toda a Burlington Northern para as necessidades do cliente, também produziu conseqüências favoráveis com relação ao clima ético da empresa em pelo menos duas maneiras importantes. Em primeiro lugar, o programa contribuiu para derrubar barreiras entre operações, vendas e engenharia. Antes de ser implantado, os departamentos de operações e engenharia, isolados das pressões dos consumidores, tendiam a ser administrados por critérios de custos e pela conveniência do *status quo*. Até onde lhe interessava, o departamento de vendas era o único responsável pelo oferecimento dos serviços disponíveis, mas, por sua vez, era pressionado constantemente para satisfazer às exigências dos consumidores em condições altamente competitivas. O resultado dessa compartimentação tinha caráter divisor e tendia a promover o auto-interesse. As interações cada vez mais construtivas entre os departamentos, provocadas pela nova orientação voltada para o cliente, fortaleceu as relações pessoais e a moral na empresa. Em segundo, ao pôr em destaque deficiências em serviços, o novo programa tornou-se um fator importante para gerar mudanças operacionais que reforçavam a posição competitiva da Burlington Northern. Em tempo oportuno os melhoramentos resultantes em desempenho financeiro devem gerar uma empresa mais sadia e, conseqüentemente, um ambiente mais favorável para administrar a ética empresarial.

A decisão empresarial de implantar o programa de análise de custos com ajuda do computador como ferramenta de marketing teve importantes implicações éticas, estivesse ou não a administração ciente das mesmas. Na verdade, é provável que a maioria das atividades de uma empresa tenha dimensões éticas ocultas e pode ser dispendiosa a omissão da administração em identificá-las. Problemas éticos dolorosos podem ser evitados, ou pelo menos minimizados, se detectados a tempo. Analogamente, oportunidades para robustecer o clima ético — da forma descrita no caso da Burlington Northern — podem ser exploradas, desde que haja espírito de previsão. Administradores, contudo, precisam ser sensíveis a essas possibilidades, se querem se desincumbir de suas responsabilidades éticas.

Em contraste com o exemplo citado acima sobre questões éticas ocultas, a história que vem a seguir aborda a dificuldade que administradores podem enfrentar para definir corretamente o que poderia parecer problemas éticos claros. Uma grande firma, que terá que permanecer anônima, fechou uma fábrica e dispensou a força de trabalho, atendendo a critérios de negócios (o produto vendia pouco e eram escassas as indicações de que a situação pudesse melhorar). A administração, justamente orgulhosa de seu interesse tradicional pelos seus empregados, ficou muito perturbada com as conseqüências dolorosas das dispensas e teve o cuidado, ao efetuar o fechamento da unidade, de demonstrar consideração pelos indivíduos afetados. Eles receberam um aviso prévio de três a quatro meses, tiveram direito a uma generosa indenização baseada no tempo de serviço e foram assistidos na tentativa de encontrar um novo emprego na comunidade. Além disso, foi-lhes concedido status prioritário no tocante a novas contratações em outras fábricas da companhia na comunidade em causa. A administração lembrava-se com orgulho dessa experiência, especialmente porque oferecera a todos os trabalhadores em boa situação com a companhia a oportunidade de voltar a contratá-los dentro de três anos.

Analisadas a partir do modo como a administração considerava a situação — "já que tivemos que fechar a fábrica, vamos tratar com justiça os trabalhadores" —, as medidas tomadas foram um modelo de interesse ético. No entanto, interpretadas em termos mais amplos, não está absolutamente claro se as responsabilidades da companhia e seu campo de ação deveriam ter sido delimitados como aconteceu. Quando a razão para o fechamento da fábrica é considerada, a administração tem que assumir alguma culpa por não ter posicionado a linha de produto a fim de concorrer eficazmente. Uma vez que não houve fato externo de vulto, inesperado, no qual pôr a culpa, a razão do fracasso caía mais sobre os ombros da administração do que sobre os dos trabalhadores. Nesta situação, poderíamos questionar se a companhia não tinha uma responsabilidade maior pelo bem-estar dos trabalhadores do que simplesmente suavizar o golpe que, para começar, possivelmente nunca deveria ter sido infligido. Os gerentes e o pessoal de supervisão foram todos transferidos para outras fábricas. Não deveria a companhia ter demonstrado também a mesma consideração pelos operários? Não poderia ter sido a fábrica designada para produzir outro produto e, dessa maneira, continuar em funcionamento? Poderia o produto ter sido tirado mais lentamente de fabricação, de modo a dar tempo para que ocorressem transferências e o atrito natural?

Conforme revela esse exemplo, as implicações éticas de um problema de negócios podem ser difíceis de determinar. Indivíduos experientes e de boa vontade podem facilmente discordar em suas respostas às perguntas colocadas.[3] A falha da administração neste caso não ocorreu tanto em suas respostas às perguntas, uma vez que nem mesmo as fez. A maneira errada de interpretar a situação, na verdade, deixou de incluir o que poderiam ter sido as questões éticas mais importantes. Ao defini-las, administradores têm que esforçar-se para compreender como seus atos e decisões parecerão a cada uma das partes afetadas.

O desenvolvimento da sensibilidade ética — a capacidade de reconhecer e identificar questões dessa natureza — figura entre os requisitos mais importantes da liderança ética.

Orientações conflitantes para a ação

Mesmo nos casos em que há acordo sobre a importância ética de uma determinada questão, desacordos sobre a maneira como a empresa deve agir podem confundir as partes interessadas. Esses desacordos talvez reflitam opiniões divergentes acerca do papel correto da empresa no trato de problemas éticos ou diferentes pontos de vista morais.

O papel da empresa

Em um levantamento que abrangeu principalmente diretores e altos funcionários de empresas com 500 milhões de dólares ou mais de vendas anuais, as opiniões sobre a melhor medida para estimular a conduta ética divergiram profundamente. Quase 40% dos 1.082 respondentes eram favoráveis à adoção de códigos empresariais, 30% a currículo aprimorado nas escolas de administração de empresas, 20% à legislação pertinente, enquanto o restante dava uma grande variedade de respostas.[4] Embora a complexidade da questão seja provavelmente suficiente para explicar a falta de acordo, é interessante notar que as respostas refletiram opiniões diferentes sobre o papel da empresa nesse assunto. O primeiro grupo parecia atribuir a responsabilidade principal da conduta ética à própria empresa. Os dois outros grupos principais voltaram-se para agentes externos em busca de ação corretiva — instituições educacionais, para fornecer a instrução pertinente, e governo para definir normas e impor sanções.

Esse tipo de desacordo reflete divergências fundamentais na maneira como homens de negócios interpretam a ligação entre empresa e ética.[5] Uma opinião sustenta que o sucesso nos negócios — em geral definido como obtenção de lucros a longo prazo — constitui responsabilidade exclusiva da administração. Preservam-se relações amigáveis com empregados, clientes e outras partes apenas na medida em que isso beneficia o desempenho empresarial. Esta atitude é descrita e defendida por um experiente consultor de negócios no seguinte argumento:

> ... enquanto uma companhia não transgredir as regras do jogo, estabelecidas por lei, ela tem o direito legal de formular sua estratégia sem referência a nenhuma outra coisa que não seus lucros. Se adotar uma visão a longo prazo dos lucros, preservará relações amigáveis, tanto quanto possível, com aqueles com quem lida. O homem de negócios prudente não procurará vantagens a ponto de gerar hostilidade perigosa entre empregados, concorrentes, clientes, governo, ou público em geral. Contudo, as decisões nesta área são, em última análise, decisões de estratégia, não de ética.[6]

O autor alegava que essa opinião sobre ética empresarial era a que prevalecia no mundo dos negócios. Conquanto seja difícil provar essa alegação, tanto na época em que foi feita quanto no presente, todos os que acompanham pela imprensa o noticiário sobre práticas ilegais ou antiéticas sabem que essa atitude mental tem que estar viva e atuante. No caso extremo, até o cumprimento da lei depende apenas do custo líquido esperado *versus* benefício. Nesses casos, em que são altas as recompensas potenciais e baixa a probabilidade de descoberta ou penalidades, a lei é deliberadamente violada.

Uma segunda opinião trata o respeito pelos demais como uma limitação legítima e mesmo desejável do auto-interesse, mas que precisa ser definida e imposta às empresas por forças externas. De acordo com esse pensamento, as fronteiras da conduta devem ser traçadas pela lei e pelos regulamentos, bem como pela capacidade das partes envolvidas nas transações da empresa de invocar sanções — como, por exemplo, clientes e fornecedores podem suspender seus negócios com a empresa excessivamente interesseira ou os empregados podem deixar o empregador desonesto ou ainda adotar vários tipos de medidas retaliatórias.

Uma terceira opinião considera o respeito pelos demais como tão importante quanto o desempenho econômico na consciência operacional do administrador. Essa maneira de pensar prescreveria às companhias altos padrões de conduta ética, transcendendo as obrigações definidas por lei e indo mesmo além das normas estabelecidas pela convenção, quando fosse o curso certo a seguir.

Quando administradores discordam sobre a natureza da responsabilidade moral da firma, o trabalho já difícil de estabelecer altos padrões de conduta ética pode tornar-se impossível. Os resultados da pesquisa mencionados acima e a experiência do dia-a-dia indicam que todas as três atitudes mentais têm curso geral no mundo dos negócios. Opiniões conflitantes sobre como a empresa deve levar em conta as considerações morais contribuem inquestionavelmente para a confusão no pensamento sobre ética empresarial e debilitam os esforços das empresas para elevar padrões de conduta.

Pontos de vista morais

A filosofia moral oferece grande variedade de maneiras de organizar a análise ética.[7] Essas estruturas filosóficas podem diferir, às vezes de forma muito acentuada, na definição do conteúdo moral de uma situação específica e do curso correto de ação. Em conseqüência, até indivíduos que querem fomentar conduta ética podem ser frustrados por idéias conflitantes sobre como resolver problemas dessa natureza. Altos administradores de uma empresa, por exemplo, discordaram ao tentar decidir como tratar empregados considerados culpados de violações graves. Um grupo defendia a dispensa pura e simples, baseado no princípio de que esses indivíduos haviam transgredido uma política básica e bem divulgada da empresa — além de ficarem à margem da lei, em muitos casos. Agir de outra maneira, raciocinavam, enfraqueceria a força dissuasória da política e encorajaria mais violações. Um segundo grupo defendia a tese de que se devia dar a esses empregados a oportunidade de inscrever-se em um programa de reabilitação, às expensas da empresa, e voltarem a seus postos após a conclusão bem-sucedida do curso. Com vistas a agir eticamente neste caso, nem uma opinião é necessariamente correta nem a outra necessariamente errada. Essas posições opostas refletem pontos de vista morais válidos.

Complicando ainda mais a capacidade dos administradores de se comunicarem entre si no tocante a considerações éticas, há diferenças na capacidade de cada um de raciocinar nesses assuntos. De acordo com teorias a respeito do desenvolvimento da psique humana, o homem é tão capaz de desenvolver-se moralmente quanto física e intelectualmente.[8] Embora estudiosos da filosofia moral possam diferir sobre suas definições do raciocínio pertinente, concordam em geral que o desenvolvimento neste particular, ao contrário do desenvolvimento físico, não progride automaticamente, de modo que indivíduos comparáveis em idade e intelecto podem ser muito diferentes em maturidade moral. As diferenças resultantes em raciocínio moral podem levar colegas a discordar sobre o que é o problema e como resolvê-lo.

Dilemas éticos

Administradores sensíveis ao conteúdo ético de decisões sobre negócios e atividades operacionais, que concordam em agir eticamente e que sustentam idéias compatíveis sobre a maneira de analisar situações desse tipo, terão que enfrentar ainda a natureza inerentemente desnorteante de alguns problemas. Ou como observa um estudo sobre ética na empresa: "Enquanto administradores conversavam sobre problemas éticos no trabalho, tornou-se claro que o que descreviam eram *dilemas*, situações em que tinham que lidar com uma opção difícil e para a qual não existia uma solução pronta e acabada."[9] Esses dilemas podem levar a divergências honestas de opinião indivíduos sinceros e virtuosos e à frustração aqueles que se esforçam para fazer o que é certo.

O caso simulado que vem a seguir ilustra as dúvidas que eles podem enfrentar. Em um período de vários anos, diversos vendedores numa divisão de uma grande empresa de multiatividades haviam substituído, por um produto químico barato, o item encomendado, com o objetivo de reduzir os custos da divisão e elevar-lhe os lucros. Ao descobrir a prática ilegal, a administração da empresa ordenou imediatamente que a prática fosse suspensa e as falhas corrigidas no sistema de controle.

Uma investigação revelou os seguintes fatos: a prática fora geral, envolvendo centenas e, possivelmente, milhares de contas. Em muitos casos, a companhia não conseguiu apurar se o cliente fora enganado, uma vez que, via de regra, os preços eram negociados informalmente, com encomendas muitas vezes feitas por telefone e com registro medíocre das vendas feitas externamente. Fazendo uma projeção a partir dos casos em que a fraude fora detectada, os investigadores estimaram que a cobrança a mais feita aos clientes poderia ter excedido 1 milhão de dólares. Concluíram também que o dano a qualquer cliente fora relativamente pequeno. Acreditava-se que o produto substituto, embora mais barato, funcionara bem e, possivelmente, ainda melhor do que o que fora encomendado. A substituição era virtualmente impossível de detectar sem testes especiais de laboratório. Havia evidências de que diretores de divisão, que não trabalhavam mais para a companhia, tinham tolerado e mesmo estimulado essa prática. Os vendedores envolvidos, aparentemente, não obtinham qualquer remuneração direta pelas infrações que cometiam.

A alta administração reconheceu que a restituição pelo que fora cobrado a mais seria a coisa certa a fazer. Esse enfoque, porém, acarretava numerosos problemas. A escrita defeituosa da divisão implicava que seria necessário envolver clientes na investigação. Uma vez que muitos, se não a maioria, não eram vítimas do logro, esse curso de ação macularia a reputação da empresa e prejudicaria acionistas e empregados, se encomendas e vendas futuras fossem adversamente afetadas. A reputação de vendedores inocentes poderia ser também abalada. E nos casos das empresas prejudicadas, seus compradores e supervisores de fábrica poderiam ser injustamente punidos, porque não haviam detectado a substituição do produto.

O curso correto de ação não era mais tão óbvio. A restituição do dinheiro desonestamente ganho era moralmente correta. Evitar danos aos indivíduos inocentes também era moralmente correto. E não estava claro como a empresa devia honrar ambos os princípios. Decidir que direitos tinham prioridade e como equilibrar os vários direitos poderia levar a um grande exame de consciência por parte de administradores que gostariam de fazer a coisa certa. Qualquer que fosse, a decisão provavelmente prejudicaria uma ou mais partes e deixaria um senso de insatisfação e um resíduo de culpa nos que tivessem que tomar esta decisão.

A relutância em discutir problemas morais

Outro impedimento à ética empresarial é a relutância geral de administradores em discutir questões morais. Em minha experiência em reuniões de diretoria, por exemplo, qualquer menção de uma possível violação ética de parte de algum empregado da companhia, especialmente de pessoa conhecida de um dos diretores, provocava em geral sensações de desconforto nos presentes. Palavras eram escolhidas com cuidado e, as opiniões, oferecidas em caráter de sondagem. Era um assunto geralmente abordado com relutância, se chegava a ser abordado.

A relutância em discutir abertamente considerações morais — fenômeno que Bird e Waters chamaram de *mudez moral*[10] — tem muitas razões e é muito mais comum nas empresas do que apenas no nível de diretoria. Observam eles que numerosos gerentes consideram perturbador tratar de questões morais no trabalho: "Nestes casos, gerentes acham as confrontações muito difíceis, porque as consideram como se arrogando o papel de juízes, e porque, com toda probabilidade, elas iniciarão um ciclo de acusações e recriminações mútuas." E observam ainda: "Além disso, gerentes evitam conversas de natureza moral porque elas aparentemente sobrecarregam decisões de negócios com considerações que são não só estranhas, mas às vezes antagônicas à administração responsável." Neste particular, pensa-se que numerosos administradores associam ética a normas rígidas e a regulamentos intrusivos. Finalmente, administradores ambiciosos, querendo projetar uma imagem de poder e competência, evitam discutir considerações éticas porque isto poderia fazer com que parecessem idealistas e ingênuos. Além do mais, essa conversa poderia facilmente parecer moralista e egoísta.

Se nada for feito, essa conduta tende a ser justificada por falsas razões e suprimida. Evitando conversas de natureza moral, administradores permanecem obscuros sobre a maneira de enfrentar problemas éticos difíceis e sobre suas obrigações de agir em conformidade com padrões morais. Com vistas a evitar o *stress* que essas incertezas poderiam causar, eles são motivados a eliminar das decisões de negócios as incômodas dimensões morais.[11] Podem fazer isso seguindo cegamente a prática comum ou as diretrizes da companhia, ou redefinindo as questões morais como sendo questões de técnica ou gosto. Com toda probabilidade esta relutância em tratar abertamente problemas morais passará despercebida na empresa. As razões desse fato, de acordo com um culto observador, têm a ver com o comportamento humano e organizacional normal:

> Em todos os casos em que enfrentam qualquer problema que encerre embaraço ou ameaça substanciais, seres humanos agem de maneira a ladear, da melhor maneira que puderem, o embaraço ou a ameaça. Para que funcione, a medida de desvio precisa ser oculta.
>
> Uma vez que a maioria das pessoas age dessa maneira, tais atos tornam-se parte do tecido da vida diária. E porque tantas praticam freqüentemente esses atos, eles se tornam normas organizacionais. Os atos passam a ser considerados como racionais, sensatos e realistas.[12]

Essas reações defensivas são difíceis de combater porque ocorrem imperceptivelmente, às vezes até involuntariamente. Conforme foi notado acima, reconhecer que ocultou uma questão embaraçosa ou ameaçadora é em si embaraçoso, de modo que as pessoas tendem a esconder de si mesmas a manobra de ocultamento. No que diz respeito a considerações morais, a empresa, imperceptivelmente, passa a considerar a ética empresarial como um tabu.

Aumentando a sensibilidade ética

Em face desses sérios impedimentos à liderança ética — das dificuldades em reconhecer e definir questões éticas importantes, em determinar o papel correto da empresa, em decidir quais diretrizes morais implementar, em solucionar dilemas e em enfrentar a relutância em discutir essas questões — o que é que faz o preocupado alto executivo que tem também outros problemas a tratar? A resposta não é simples.

Administradores podem utilizar grande variedade de fontes para se informar sobre o assunto. Jornais, publicações e seminários industriais, estudos especiais e outras fontes públicas de informação são úteis ao indicar tendências e fatos novos que podem pôr em pauta novas questões para exame ético ou alterar a maneira como se pensa sobre os problemas existentes. Clientes, fornecedores, líderes da comunidade, colegas, amigos e família constituem outras tantas fontes valiosas. À parte qualquer informação de natureza geral que possam fornecer sobre ética empresarial, esses setores são muitas vezes capazes de chamar atenção para questões éticas de uma importância especial para a firma ou oferecer opiniões diferentes sobre o que está em jogo ou como agir. Muitas das mais importantes fontes de informação sobre problemas éticos específicos às empresas são encontradas, e não é de se surpreender, nelas mesmas.

Estimulando a discussão livre e sincera

Prova compilada entre mais de 70 empresas estudadas nos levaria a concluir que os administradores mais bem-sucedidos na identificação de questões morais importantes em suas atividades são os que, por seu interesse e receptividade, procuram esse tipo de informação com outras pessoas. Um desses administradores é John Dubinsky, executivo-chefe da Mark Twain Bancshares, que descreve abaixo o que faz para assegurar a preocupação ética de sua empresa com a comunidade a que serve:

> Em minha opinião, a alta administração tem que tomar posição a respeito da conduta ética da empresa. Um banco comercial como o nosso tem uma responsabilidade moral no seu papel de guardião dos fundos da comunidade. Na verdade, este banco atua como um vigia do que acontece ou não em

> nossa comunidade, através de suas decisões a respeito das atividades que devem ou não ser financiadas.
>
> A fim de formar juízos bem informados sobre esses assuntos, gosto de conversar com funcionários de nossa empresa e com estranhos que têm conhecimento dos fatos ou perícia no trato desses assuntos. Discuto esses assuntos em reuniões de diretoria, com empregados e com membros da comunidade, antes de assumir uma posição.

Instruir seu pessoal acerca das posições da empresa dá a Dubinsky mais uma oportunidade de expandir seu pensamento sobre as responsabilidades éticas do banco. Ele explica:

> Quando a questão é em preto e branco, o banco tem a sua resposta. Nas áreas cinza, dizemos ao nosso pessoal: "Se receber uma proposta que o torna constrangido quanto à sua honestidade, você provavelmente tem uma definição tão boa quanto qualquer outra sobre se ela é ética e se o banco quer fazer esse negócio."
>
> Aproveito todas as oportunidades possíveis para conversar a esse respeito com meu pessoal, especialmente com os que são novos aqui. A melhor maneira de colocar essas questões, acho, é através de exemplos específicos. Por exemplo: se o banco fosse solicitado a emprestar dinheiro para financiar uma loja de artigos pornográficos, isto seria correto? E uma clínica de aborto? Em nosso caso, o banco tem uma política contra empréstimos a lojas pornográficas, mas ainda não se decidiu com relação a clínicas de aborto. Na discussão sobre este assunto, temos fortes opiniões contraditórias. Acho isso útil. Na verdade, o objetivo dessas conversas não é tanto anunciar a política da empresa, mas tornar nossos funcionários — e isso me inclui — mais sensíveis às dimensões éticas de nosso negócio.

As observações de Dubinsky revelam duas considerações importantes sobre a discussão livre e franca de assuntos dessa natureza. A primeira, a importância para os altos administradores de interagir em base permanente com tantas pessoas quanto possível. A má conduta e a injustiça — intencionais ou não — podem ocorrer em qualquer nível na empresa. Por essa razão, qualquer indivíduo pode ser a melhor ou, às vezes, a única fonte de informação sobre uma questão ética importante.

O outro ponto diz respeito ao foco da discussão. Embora a maneira como diferentes administradores obtêm, em suas empresas, introvisões sobre essas questões varie de acordo com as circunstâncias e o estilo pessoal, é notável o grau em que a maioria dos comunicadores eficazes pensa em termos específicos, e não de princípios. Ao discutir ética empresarial, indivíduos como Ken Iverson, presidente do Conselho de Administração e executivo-chefe da Nucor, e Gary Roubos, executivo-chefe da Dover, falam invariavelmente sobre questões concretas que interessam diretamente a suas empresas. Para eles, o desejo de agir da maneira certa faz mais sentido em um contexto específico. Quando nos focalizamos em questões concretas, a relevância do assunto torna-se facilmente percebida. Evitando abstrações morais, é menos provável que o alto executivo seja visto como pessoa que está pregando um credo ou adotando uma postura ideológica. Waters e Bird vão a ponto de argumentar que padrões morais "ganham clareza e autoridade apenas quando são interpretados em relação a casos relevantes específicos."[13]

Obviamente, alguns líderes são mais acessíveis e francos do que outros. Mas para as empresas de qualquer tamanho apreciável, todos são obrigados a estender, de várias maneiras, seu raio de ação pessoal. Linhas vermelhas éticas, por exemplo, ou caixas de correio específicas podem estimular a retroalimentação empresarial. As pesquisas junto a empregados constituem outra maneira de obter informações sobre o clima ético na empresa.

Numerosas empresas atribuem a administradores individuais a responsabilidade específica de dirigir ou de outra maneira contribuir para o programa ético. (O cargo de *ombudsman* empresarial seria um exemplo de contribuinte especial.) Esses indivíduos estão em boa posição para identificar questões éticas, bem como novas perspectivas no pensamento sobre assuntos de interesses permanentes. Como resultado, podem desempenhar um papel vital, ajudando os altos executivos a se manterem mais informados acerca de questões éticas em toda a empresa.

Em muitas firmas, a diretoria assumiu o papel de consciência empresarial. Esta fonte de orientação ética pode ser muito eficaz para sensibilizar a administração devido ao relacionamento entre iguais de seus membros e os funcionários mais graduados da empresa, e também pelo poder latente que possui. Simultaneamente, as diretorias, via de regra, são ainda fortemente modeladas pelo principal funcionário executivo, graças à sua capacidade de orientar a escolha de novos membros, de nomear membros de comissão e, quando preside os trabalhos, de estabelecer a agenda.[14] Por isso mesmo, altos executivos podem influenciar, e influenciam, o grau em que a diretoria pode se tornar uma força poderosa para estimular a conduta ética.

Fontes não-intencionais

Contudo, nem todos os atos que afetam a sensibilidade ética são praticados com esse objetivo. A eleição de um sindicato para representar os empregados da Universidade de Harvard, por exemplo, forçosamente teria que tornar a congregação e administração mais sensíveis às dimensões éticas das políticas e práticas de pessoal da instituição. Em alguns casos, administradores talvez nem estejam conscientes do efeito que um determinado ato tem ou pode ter sobre a sensibilidade ética. O seguinte comentário de um gerente de pesquisa de nível médio, por exemplo, revela o impacto não-intencional, e em grande parte despercebido, que um programa de melhoria da qualidade recentemente patrocinado estava produzindo sobre a maneira como as pessoas se tratavam mutuamente na empresa:

> O programa de qualidade resultou em uma franqueza cada vez maior e em maior boa vontade por parte das pessoas de falar sobre problemas. Antes, elas relutavam em comentá-los porque tinham medo de ser consideradas como criadoras de caso ou mexeriqueiras. Hoje pode-se falar à vontade acerca dos problemas relacionados com qualidade devido ao treinamento que recebemos. Esta nova atitude transbordou para outras considerações não necessariamente ligadas à qualidade.

Como conseqüência do programa de qualidade, os empregados tornaram-se mais capazes e mais dispostos a falar com franqueza sobre grande variedade de questões éticas. A partir de questões relacionadas com qualidade — tais como, que qualidade constitui um direito do consumidor? O que há no sistema que motiva empregados a deixar passar produtos abaixo do padrão ou defeituosos? Nossos fornecedores estão sendo tratados de uma maneira capaz de levá-los a dedicar seus melhores esforços para nos servir? — é pequena a distância para assuntos mais amplos, como o tratamento dado pela companhia a clientes, empregadores, fornecedores e outras partes. Nesta situação, sem tal intenção, parece que a administração aumentou a capacidade da empresa de tornar-se mais sensível a questões éticas e, ao mesmo tempo, deu meios aos empregados para que se tornassem mais ativos e possivelmente criativos em suas contribuições para as operações da firma. É claro que a administração deve tornar-se muito mais eficiente para explorar oportunidades desta natureza quando está consciente das inter-relações e age sobre elas do que quando desconhece as possibilidades.

Uma das melhores maneiras de que os altos administradores dispõem para ter acesso não só a fontes conhecidas, mas também ocultas de informação, é deixar que seu interesse em discutir problemas éticos se torne conhecido. Na verdade, se querem ouvir sobre eles, têm que falar sobre eles, como acontece com John Dubinsky, da Mark Twain Bancshares. Quanto maior a clareza com que o pessoal em toda a firma souber desse interesse da alta administração, maior a quantidade e qualidade das informações relevantes que provavelmente lhe será comunicada.[15] Só com discussão franca desses assuntos é que os altos administradores podem obter as informações e os conselhos de que poderão necessitar para obter compreensão correta de problemas intrincados e determinar o melhor curso de ação.

Contudo, a receptividade dos administradores às informações recebidas sobre problemas éticos depende muito da razão por que não as conhece. Se *não saber* é simplesmente função de não ter sido informado, então o processo de coleta de informações descrito acima, além de treinamento em alguns casos, pode corrigir o problema. Mas se *não saber* é resultado de um desejo — possivelmente não reconhecido com franqueza — de evitar desconforto pessoal e as complicações dispendiosas que a ética pode causar, então o simples fato de ter acesso à informação relevante provavelmente não será um grande benefício. Nestes casos, é provável que a administração precise de ajuda para aprender como lidar com suas rotinas defensivas.[16]

Melhorando a qualidade do julgamento

Grande parte das informações que administradores recebem a respeito dessas questões é de natureza confusa e altamente carregada. Numerosas medidas que precisariam ser tomadas são dispendiosas ou envolvem complexas mudanças organizacionais. Por esta razão, muitos altos administradores procuram freqüentemente colegas de confiança, em busca de ajuda para interpretar a significação das informações que recebem e considerar as suas respectivas implicações para a política e prática da empresa. Esta estrutura de apoio pode ter uma composição *ad hoc* — uma espécie de gabinete de copa-e-cozinha — ou incluir unidades organizacionais específicas. A comissão executiva, que tipicamente compreende os funcionários mais graduados, desempenha muitas vezes esse papel. No caso de Iverson, da Nucor, é todo o grupo de quase 50 altos administradores que se reúnem oficialmente três vezes por ano e, fora isso, mantêm-se em contato em base permanente. Como revelaram as observações de Dubinsky no início deste capítulo, estranhos também podem formar um foro valioso para interpretar informações ou avaliar opções de política.

O importante não é tanto quem deva participar dessas deliberações, mas sim que os líderes pensem um pouco na maneira como podem convocar melhor as pessoas de cujo juízo moral e administrativo necessitam para interpretar informações sobre conduta ética e considerar as implicações das mesmas para a política e a prática da empresa.

Permanecendo eticamente apto: uma obrigação permanente

A estruturação dos interesses éticos da alta administração deve, obviamente, ser um processo permanente e dinâmico. O contexto empresarial muda ao longo do tempo e, com ele, os tipos de problemas éticos que surgem e sua importância relativa. Além do mais, prioridades e normas éticas são alvos móveis.[17] Por essas razões, líderes devem desenvolver a capacidade de aprender continuamente e a disposição de reavaliar e revisar suas opiniões nas situações em que as políticas e práticas em vigor não proporcionam um resultado moralmente aceitável. Quando as mudanças são abruptas — como as que resultam de uma mudança radical na estratégia da empresa ou de um despertar do público, como o que ocorreu a respeito de assédio sexual durante a sabatina de confirmação do juiz Clarence Thomas no Senado, como condição prévia à sua nomeação para o Supremo Tribunal dos Estados Unidos — os sinais enviados aos altos executivos para que reexaminem seu pensamento sobre políticas e práticas éticas podem ser bem claros. Contudo, quando as mudanças são graduais, talvez seja preciso uma grave violação ou colapso da ética para alertar a administração. Um bom exemplo foi o efeito do caso Winan sobre a Dow Jones & Company. Em 1983, R. Foster Winan foi acusado de alegada manipulação de informações confidenciais em sua coluna no *Wall Street Journal,* "Heard on the Street". Um vice-presidente graduado explica nos termos abaixo o impacto do caso sobre a empresa:

> Nos meus trinta anos de companhia, o caso Winan foi, de longe, o mais ameaçador que conheci para a reputação da firma. Após a revelação da denúncia passamos por um doloroso processo de introspecção. Ele era um excelente repórter. Mas teriam havido sinais que poderiam nos ter alertado para esse tipo de conduta? Teríamos pago a ele o suficiente? Teria sido ele investigado o suficiente?
>
> O fato nos levou a pensar em outras coisas. Há trinta anos, nossa empresa era pequena. Não havíamos realmente compreendido como ela crescera em anos recentes. O tempo de casa do empregado comum era de apenas três anos. No fim, viemos a reconhecer a necessidade de tornar os empregados conscientes do que esta companhia representava, de formalizar um processo que até então fora informal.

A experiência da Dow Jones revela as dificuldades que administradores enfrentam para reconhecer e reagir às grandes mudanças que ocorrem no curso de uma evolução gradual das circunstâncias. Relacionamentos internos, atitudes, pressões competitivas e um grande conjunto de outros fatores podem mudar imperceptivelmente com o tempo, tal como as mudanças que a criança experimenta ao crescer. E da mesma maneira que a criança torna-se grande demais para as roupas que usa, a administração descobre que, com o tempo, torna-se mais desajustada em sua compreensão dos problemas éticos que enfrenta.

A capacidade da administração de descobrir a inadequabilidade de sua conduta empresarial ética depende evidentemente do que sabe e de sua sensibilidade, mas também da disposição da empresa de contestar o pensamento e ações da administração. Para que isto aconteça, os líderes empresariais precisam conseguir aproveitar os fortes valores morais que muitos de seus subordinados reprimiram na vida profissional. A empresa precisa considerar a ética empresarial como uma experiência positiva, que pode proporcionar satisfação e realização por si mesma, e não como um conjunto de sanções que limitam e ameaçam pessoas em seus cargos.

As empresas mais bem-sucedidas na manutenção de altos padrões de conduta são aquelas nas quais a alta administração desenvolveu deliberadamente sensibilidade e compreensão para as dimensões éticas de suas decisões. Como resultado, seus valores e preocupações desse gênero são conhecidos, em toda a empresa, como importantes e sinceras. Embora o interesse apenas da administração não assegure a conduta ética da empresa — que precisa ser posta em prática através de sólidos sistemas, procedimentos e pessoas — representa de fato o ponto de partida, de importância crítica, que dá direção e estabelece o tom certo de todo o processo de administração da ética empresarial.

3

PASSANDO DOS PRINCÍPIOS PARA A PRÁTICA

Com vistas a fomentar a ética empresarial, executivos de alto nível geralmente tomam medidas tais como promulgar um código de ética, patrocinar sessões de informação e programas de treinamento e manifestar, em palavras e atos, compromisso com altos padrões de conduta. Podem também atribuir a um ou mais funcionários graduados a responsabilidade de organizar e gerir o programa. Quando bem implantadas, estas e outras medidas semelhantes podem contribuir em muito para motivar o comportamento ético na empresa. Mas, para que isto aconteça, os líderes precisam fazer muito mais.

Podemos observar esses fatos nas operações normais de uma empresa. A alta administração faz palestras inspiradoras, proporciona treinamento e designa um funcionário para gerar apoio à estratégia comercial da empresa, mas nunca se limitaria a isso. É provável que recorra principalmente a mecanismos organizadores e motivadores básicos e poderosos, tais como relações de subordinação, sistemas de planejamento e controle e avaliação de desempenho (merecimento). A administração da ética na empresa exige também o emprego desses processos básicos de gerência.

A tarefa da alta administração consiste em criar uma estrutura clara, coesa e abrangente de políticas e procedimentos que funcione para promover a conduta ética de duas maneiras complementares. Deve fomentar a preocupação da empresa com os direitos e interesses de todas as partes por ela afetadas e prover salvaguardas que reduzam ou eliminem tentações. Nas palavras de uma canção de sucesso de Johnny Mercer, na década de 1940, a estrutura deve "acentuar o positivo e eliminar o negativo". Iniciaremos este capítulo com o exame do modo como duas empresas, a Lincoln Electric e a General Mills, organizaram-se para institucionalizar induzimentos éticos e instituir salvaguardas. Em seguida, veremos como o emprego de códigos de ética pode desempenhar um papel no processo.

Sistemas de administração que promovem princípios éticos

Esta capacidade de tornar preocupações éticas parte integrante dos processos gerenciais básicos é em geral evidente nas firmas estudadas. No entanto, poucas empresas conseguem levar mais a fundo essa assimilação do que a Lincoln Electric Company, mesmo que, ao assim agir, a alta administração não faça nenhuma referência explícita à ética empresarial, como tal. A história da Lincoln Electric mostra como a preocupação da alta administração com os interesses legítimos de empregados, clientes e acionistas pode ser incluída na urdidura da estrutura operacional de uma companhia.

A Lincoln Electric Company

Há mais de 40 anos, a Lincoln Electric Company é a principal fabricante mundial de produtos de solda a arco voltaico.[1] A posição de liderança da empresa lhe reflete a capacidade invariável de superar os concorrentes em produtividade, valor de produto, vendas e lucros. O bem-sucedido método usado pela empresa repousa sobre um compromisso ético e sólida estratégia.

O ponto de partida para o duradouro sucesso da Lincoln Electric foi claramente definido por James F. Lincoln em 1941:

> Constitui objetivo da The Lincoln Electric Company fornecer a seus consumidores mais e mais de um produto melhor, a preço cada vez mais baixo. Esta orientação possibilitará também à companhia propiciar a seus empregados e acionistas um retorno cada vez mais alto.[2]

Ao longo dos anos, Lincoln continuou a chamar atenção para a importância de dividir os retornos de operações lucrativas entre seus clientes, empregados e proprietários.

> Não há uma regra férrea a orientar essa divisão, salvo a seguinte: o empregado (e isto inclui a administração), o cliente, os proprietários e todos os envolvidos devem estar convencidos de que são devidamente apreciados, ou não cooperarão, e a cooperação é essencial a toda e qualquer aplicação eficiente de incentivos.[3]

Nesse comentário, podemos notar a inter-relação da preocupação com o desempenho econômico e respeito pelos demais. Evidentemente, Lincoln tinha uma empresa vitoriosa em mente quando falou sobre a necessidade de obter a cooperação de clientes, empregados e investidores. Em contraste, a referência à idéia de que essas partes "devem estar convencidas de que são devidamente apreciadas" — quando tomada em conjunto com sua crença na dignidade de todos os empregados e na missão da empresa de servir ao cliente —, indica uma dimensão ética.

Não é raro ouvir companhias zombando da idéia de beneficiar clientes, empregados e acionistas. Ao contrário de muitos outros executivos, Lincoln implantou um conjunto abrangente e coeso de políticas e procedimentos para atingir esses objetivos. Vamos examinar inicialmente essa estrutura no tocante ao mercado, em seguida ao local de trabalho e, finalmente, fazer um apanhado geral com vistas a destacar as interligações importantes neste particular.

Focalização no cliente

Na Lincoln Electric, levar em conta os interesses dos clientes significa proporcionar-lhes o maior valor possível pelo que compram. A fim de fornecer "mais e mais de um produto melhor, a preço cada vez mais baixo", a empresa concorre na base de preço, qualidade, desempenho do produto, serviço e garantia.[4] A importância desses fatores particulares torna-se clara com um breve exame do negócio da soldagem a arco voltaico.

A soldagem a arco, um processo que utiliza corrente elétrica para fundir vários metais à temperatura de aproximadamente 10.000 graus Fahrenheit, implica desafios técnicos formidáveis. A soldagem é muitas vezes feita em condições adversas: tempo inclemente, juntas de acesso difícil e escalas de trabalho exaustivas, com aplicação de pressão para que se faça serviço rápido. Mesmo em condições ideais de trabalho, as características de soldagem de metais específicos variam muito, afetando a resistência da solda. Por último, a solda deve resistir a vários tipos de tensões — mecânicas, químicas, térmicas, elétricas — durante longos períodos de tempo, às vezes décadas ou mais.

Essas condições aumentam em muito o valor do desempenho e qualidade do produto, e tornam também importantes os serviços técnicos. Não obstante esses desafios técnicos, produtos especializados respondem por apenas uma pequena parte do negócio de solda a arco. Sendo a maioria dos produtos classificada como artigos comerciais padronizados, os baixos preços tornam-se também um fator competitivo de importância decisiva.

A estratégia competitiva da Lincoln Electric atende diretamente a esses requisitos. A fim de diferenciar-se de outros fornecedores, a empresa enfatiza os serviços técnicos. Um ex-vice-presidente de desenvolvimento de vendas caracterizou o método da Lincoln da seguinte forma:

> Nosso sistema de abordar o consumidor consiste em visitá-lo, descobrir o que ele faz e ensiná-lo a trabalhar melhor. Para muitas companhias, nossos empregados tornam-se seus peritos em soldagem. Eles visitam a fábrica, conversam com o capataz e podem dizer: "Arranje-me um capacete de proteção e vou lhe demonstrar o que estou dizendo." É assim que vendemos nossos produtos.[5]

Ele prosseguiu, explicando como a empresa prepara seus vendedores externos para servir dessa maneira ao cliente:

> Começamos com indivíduos formados em engenharia e os submetemos a um programa de treinamento de sete semanas. Eles aprendem como soldar e lhes ensinamos tudo que sabemos sobre equipamento, metalurgia e desenho industrial. Então, eles passam algum tempo na linha de reforma (onde máquinas trazidas de fora são reconstruídas) e mesmo algum tempo no escritório para que vejam como são processadas as encomendas. Finalmente antes de os estagiários começarem a trabalhar, devem habituar-se com nosso equipamento e aprimorar os métodos de fabricação. Em seguida, fazem uma apresentação (ao presidente do Conselho de Administração da companhia), exatamente como se ele fosse um de nossos clientes.[6]

A qualidade do produto e aspectos do desempenho são também importantes nesse método. John Weaver, que passou 26 anos em vendas domésticas antes de ser nomeado vice-presidente encarregado de vendas internacionais, observa o seguinte: "Sempre pensei que eu e meus vendedores éramos na verdade consultores permanentes de nossos clientes, e não mascates. Esforçamo-nos para salientar o que nosso produto pode fazer pelo cliente. É muito bom saber que oferecemos o melhor produto e que podemos vendê-lo pelo maior valor que o comprador pode obter." A confiança de Weaver no produto é justificada pelo compromisso geral da Lincoln com a qualidade e com transações honestas. Este compromisso ficou claro em comentários ouvidos de empregados de toda a empresa, tal como a observação seguinte de John Velliky, vice-presidente de engenharia:

> A companhia segue à risca os padrões da NEMA (National Electrical Manufacturers Association) e da UL (Underwriters Laboratory). Digamos que um motor aquece até 120 graus Fahrenheit e a especificação de aquecimento máximo é de 115 graus. Mesmo que nenhum de nossos clientes

soubesse disso, basta a Lincoln Electric saber para que o produto se torne inaceitável.

Uma grande variedade de políticas foi instituída para desenvolver um interesse sincero pelo cliente e para proteger a todos contra abusos. Essas políticas e, mais importante ainda, seu objetivo ético são compreendidos e aceitos, conforme indicado nas observações abaixo, emitidas por vários vendedores:

> **Sobre comissões:** A fim de impedir conflitos desnecessários entre nossos interesses e os de nossos clientes, recebemos salário fixo. Nada de comissões.
>
> **Sobre oportunidades de recebimento de "bola"**: Vendedores não podem negociar preço. Tudo, sem exceção, é vendido a preço de catálogo. Ao longo do tempo, a Lincoln Electric tem sido tão rigorosa neste aspecto que acabaram as pressões para oferecimento de condições especiais. Esta política desestimula qualquer pessoa a estender a mão.
>
> **Sobre presentes aos clientes e a possibilidade de receber propina:** Fazemos o possível e o impossível para servir ao cliente. Isso não é suficiente? Distribuição de presentes simplesmente não combina com o conceito desta companhia.

A Ilustração 3-1 mostra como são estruturadas as políticas e práticas da Lincoln Electric, levando em conta os interesses dos clientes. Os seis primeiros registros na lista, por exemplo, servem de base ao objetivo estratégico da companhia de fornecer aos clientes produtos de alta qualidade, conforme explicado abaixo.

1. Rigorosos procedimentos de controle de qualidade na fábrica garantem que só produtos de alta qualidade são entregues e ajudam a identificar possíveis dificuldades no processo de manufatura.
2. Pagar aos operários apenas por boa produção e exigir reelaboração sem pagamento, juntamente com a prática de controle de qualidade, motivam o pessoal a trabalhar bem desde o início.
3. A ênfase em produtos de consumo e equipamentos padronizados, e não em produtos especiais e sob encomenda, contribui para um processo de fabricação caprichoso, que resulta em alta qualidade permanente. (A fabricação caprichosa pode também resultar em custos mais baixos e, conseqüentemente, em preços menores.)
4. A integração retroativa (como fabricar seus próprios motores elétricos para as máquinas de solda) contribui para garantir qualidade ao pôr mais produtos da companhia sob controle direto de manufatura.

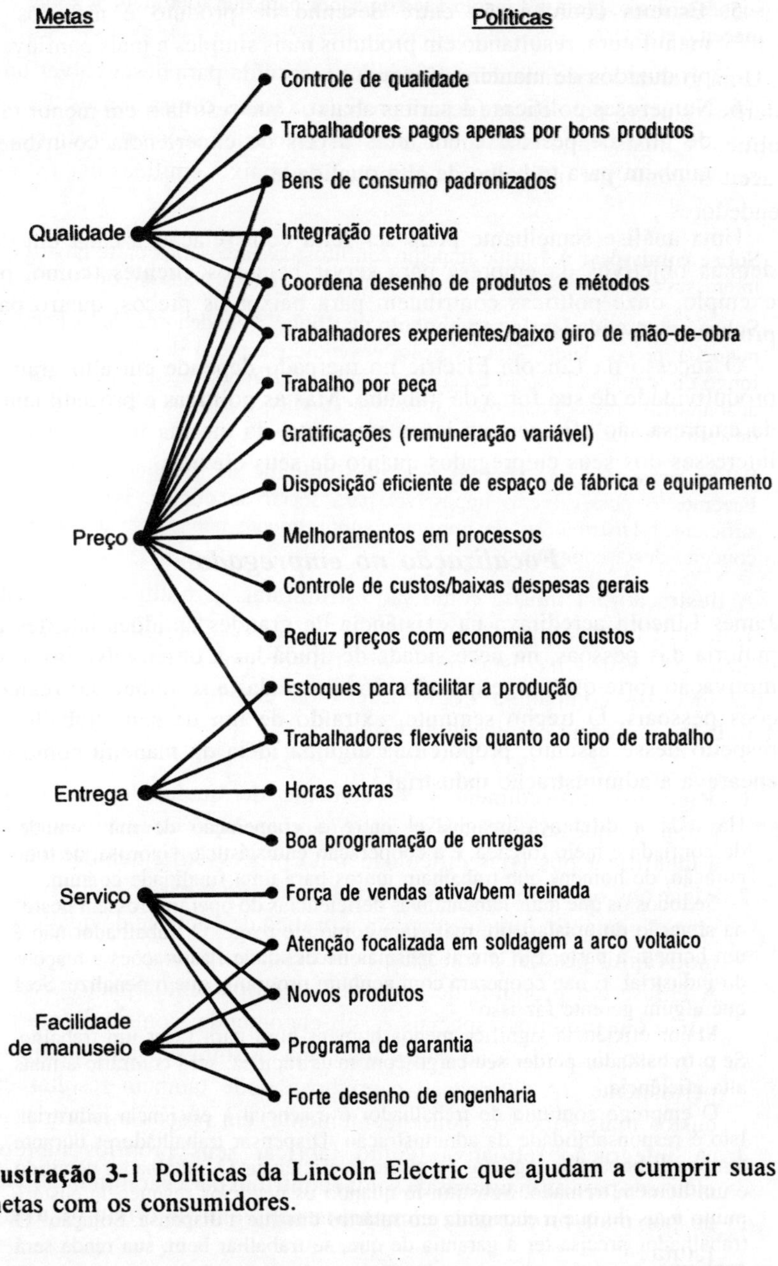

Ilustração 3-1 Políticas da Lincoln Electric que ajudam a cumprir suas metas com os consumidores.

5. Estreita coordenação entre desenho de produto e métodos de manufatura, resultando em produtos mais simples e mais confiáveis, produzidos de maneira eficiente.
6. Numerosas políticas (descritas abaixo) que resultam em menor taxa de giro de pessoal e em altos níveis de experiência contribuem também para trabalho de alta qualidade.

Uma análise semelhante pode ser feita com relação a cada um dos demais objetivos da empresa para servir bem aos clientes (como, por exemplo, onze políticas contribuem para baixar os preços, quatro para promover rápida entrega etc.)

O sucesso da Lincoln Electric no mercado depende em alto grau da produtividade de sua força de trabalho. Mas as políticas e procedimentos da empresa são eficazes em levar em conta, da mesma forma, tanto os interesses dos seus empregados quanto de seus clientes.

Focalização no empregado

James Lincoln acreditava na existência de grandes aptidões latentes na maioria das pessoas, na necessidade de ajudá-las a desenvolvê-las, e na motivação forte que surge quando são apreciadas e reconhecidas realizações pessoais. O trecho seguinte, extraído de um de seus trabalhos a respeito desse assunto, proporciona alguma idéia da maneira como ele encarava a administração industrial.[7]

> Há toda a diferença imaginável entre a cooperação de má vontade, desconfiada e meio forçada, e a cooperação entusiástica, vigorosa, de todo coração, de homens que trabalham juntos para uma finalidade comum.
>
> Se todos os que mais lamentam as deficiências do operário fossem postos na situação do assalariado, reagiriam como ele reage. O trabalhador não é um homem à parte. Ele tem as mesmas necessidades, aspirações e reações do industrial. E não cooperará com nenhum programa que o penalize. Será que algum gerente faz isso?
>
> Maior eficiência significa menos homens-hora para fazer um trabalho. Se o trabalhador perder seu cargo com mais rapidez, será contrário à mais alta eficiência.
>
> O emprego contínuo do trabalhador é essencial à eficiência industrial. Isto é responsabilidade da administração. Dispensar trabalhadores durante tempos de baixa dos negócios é a morte da eficiência. O trabalhador demitido é um homem treinado. Substituí-lo quando os negócios reaquecem custará muito mais do que a economia em salários durante a dispensa. Solução? O trabalhador precisa ter a garantia de que, se trabalhar bem, sua renda será contínua.

> As profissões de pastor, médico, advogado, bem como de gerente, contêm incentivos à excelência. A excelência traz recompensas, auto-estima, respeito. O trabalhador horista é o único que não tem razões para exceder-se no que faz.

Essas opiniões sobre a importância de levar em conta os interesses dos empregados foram corporificadas nas políticas e práticas operacionais da companhia, notadamente no que diz respeito à remuneração, segurança no emprego, controle conjunto do ambiente de trabalho e dignidade.[8]

Compensação

As políticas de remuneração constituem os elementos fundamentais da filosofia de "administração de incentivos" de James F. Lincoln. O sistema de remuneração da Lincoln Electric abrange dois elementos: salários baseados em trabalho por peça, no tocante à maioria dos trabalhos em fábrica, e uma gratificação de fim do ano que pode ser igual ou exceder todo o pagamento anual regular do indivíduo. Conforme indicado abaixo, grande cuidado é tomado para garantir o funcionamento correto desse plano de pagar-por-desempenho.

Quase todos os operários de produção da Lincoln são remunerados de acordo com um plano de produção por peça. William Irrgang (presidente do Conselho de Administração da empresa em 1975) explicava o método da seguinte maneira:

> Em todos os casos práticos, usamos o sistema de pagamento por peça. Este sistema pode ser eficaz ou destrutivo. A parte importante do sistema é ele ser inteiramente justo com o trabalhador. Quando fixamos um preço por peça, ele não pode ser mudado porque, na opinião da gerência, o trabalhador está ganhando dinheiro demais. O fato dele ganhar duas ou três vezes mais que sua média normal não faz nenhuma diferença. Os preços do trabalho por peça só podem ser mudados quando a gerência faz uma mudança no método de realizar aquele dado trabalho, e em nenhuma outra situação. Se esta política não for executada 100%, o trabalho por peça não pode funcionar.[9]

Um departamento de estudo de tempo e movimentos estabelece os preços do trabalho por pèça, que são garantidos pela companhia até que os métodos sejam mudados ou adotado um novo processo. Os empregados podem contestar o preço, se acharem que é injusto. A empresa espera que os empregados garantam a sua própria qualidade; eles não são remunerados por trabalho defeituoso até que ele tenha sido reparado em seu próprio tempo de produção.

O segundo elemento do sistema de remuneração é a gratificação de fim de ano, que vem sendo paga todos os anos desde 1934. Segundo explica o *Employee's Handbook (Manual do Empregado),* "a gratificação, paga a critério da companhia, não é um presente, mas a divisão dos resultados de operação eficiente, na base da contribuição de cada um para o sucesso da empresa nesse ano". Todos os empregados têm direito à gratificação, menos o presidente do Conselho e o presidente-executivo. Em 1992, a gratificação em dinheiro de incentivo ao fim do ano totalizou 48 milhões de dólares, ou uma média de quase 18.000 dólares por cada um dos 2.688 empregados. (Para fins de comparação, os dividendos pagos em dinheiro aos acionistas importaram em cerca de 7,5 milhões de dólares.)

A parte do indivíduo no total da gratificação é determinada por uma "classificação de merecimento" semi-anual, que avalia o seu desempenho em comparação com a de outros membros do departamento ou grupo de trabalho. Na determinação da classificação de merecimento do empregado, cinco fatores são avaliados separadamente: confiabilidade, qualidade, produção, idéias e cooperação.

A classificação de desempenho é sem a menor dúvida uma área crítica, onde o tratamento dado pela empresa aos seus trabalhadores passa por minucioso exame da força de trabalho. A seriedade com que a avaliação de desempenho é encarada na Lincoln Electric torna-se evidente no comentário abaixo de um chefe de oficina:

> As classificações de merecimento são as coisas mais difíceis que tenho que fazer. Fico doente durante duas semanas em maio e novamente em novembro, quando tenho que tomar decisões sobre desempenho e comunicá-las ao meu pessoal. Se alguém não gostar de minha classificação, pode apelar para meu chefe ou, na verdade, ao próprio presidente. Nos últimos dez anos, trabalhadores individuais contestaram três ou quatro vezes minha avaliação. Tive o cuidado de documentar a assiduidade e o comportamento deles, de modo que minhas avaliações foram mantidas. Mas sei de casos de outros que tiveram suas avaliações revogadas.

A companhia concede ainda benefícios por aposentadoria, baseados no tempo de serviço e categoria de cargo do trabalhador. O relato seguinte mostra a medida em que se considera que os empregados têm direito a esses benefícios:

> O plano de aposentadoria da empresa inclui pagamento integral à idade de 65 anos a todos os que nela trabalharam durante 40 anos. Nunca houve aposentadoria compulsória. O empregado que continua a trabalhar após os 65 anos recebe o cheque de aposentadoria, o cheque do trabalho regular e também a gratificação de fim de ano.[10]

Segurança no emprego

A Lincoln completa o sistema de classificação de merecimento e salário com um Plano de Emprego Garantido Contínuo. De acordo com o plano, todo empregado em tempo integral que trabalha na empresa há pelo menos três anos (dois anos até recentemente) tem garantia de emprego por pelo menos 75% da semana padrão de 40 horas.

A garantia de emprego é considerada pela companhia como parte essencial do plano de incentivos. Sem tal garantia, segundo a administração, seria provável que os trabalhadores resistissem a aumento da produtividade e eficiência, por medo de perderem seus empregos. Ao aceitar o plano de emprego contínuo garantido, o empregado concorda em executar qualquer trabalho que lhe for designado e trabalhar em regime extraordinário em períodos de alta atividade.

Em harmonia com a política de segurança no emprego, a Lincoln Electric adota a política rigorosa de preencher todos os cargos, menos os iniciais, com promoção de pessoal interno. Em todas as ocasiões em que ocorre uma vaga, um aviso é afixado nos muitos quadros espalhados pelo recinto da empresa. Todos os empregados interessados podem se candidatar à vaga. Devido ao ininterrupto crescimento da empresa e à política de promover a partir de dentro, os empregados têm amplas oportunidades de progresso.

Divisão do controle do ambiente de trabalho

James Lincoln reconheceu desde cedo a necessidade de dar voz aos trabalhadores, se a companhia queria inspirar "a cooperação entusiática, vigorosa, de homens que trabalham juntos para uma finalidade comum", que defendia. Essa orientação levou-o a criar, em 1914, uma Junta Consultiva, composta de representantes eleitos dos empregados de todas as divisões da empresa. A junta constitui um foro no qual empregados podem apresentar assuntos de interesse da alta administração, questionar políticas da companhia e oferecer sugestões para seu melhoramento. Ou como descrito no *Employee's Handbook:*

> O serviço à Junta é um privilégio e uma responsabilidade importante para toda a empresa. Nas discussões e nas tomadas de decisões, os membros da Junta devem ser orientados pelos melhores interesses da Companhia, que também servem aos melhores interesses de seus empregados. Deve a Junta procurar, em todas as ocasiões, aprimorar a atitude cooperativa de todos os

trabalhadores e providenciar para que eles compreendam que têm um importante papel a desempenhar em nossos resultados finais.

Todas as reuniões da Junta Consultiva são em geral presididas pelo presidente do Conselho de Administração ou pelo presidente Lincoln. A pauta varia muito, das condições do chão da fábrica a vários procedimentos administrativos. Todos os assuntos são resolvidos na hora ou designados a um executivo para que tome as medidas apropriadas. A seriedade da intenção de fazer o que é melhor para todos é transmitida com cuidado a todos os empregados. Minutas das reuniões quinzenais da Junta são afixadas nos quadros de avisos de todos os departamentos e representantes dos trabalhadores explicando as providências tomadas aos colegas em seus departamentos. As perguntas feitas nas minutas de uma determinada reunião são em geral respondidas no conjunto seguinte de minutas. Este procedimento, que não mudou muito nos últimos 80 anos, constitui um lembrete constante do respeito da administração pelas opiniões e interesses dos empregados. A participação direta dos executivos mais graduados da empresa nas reuniões e seu compromisso de resolver as questões colocadas dão ao processo um peso que nenhuma outra providência daria.

Dignidade

Na opinião de James Lincoln, todas as pessoas têm o direito de ser tratadas com dignidade. A atenção da administração à remuneração e segurança no emprego e sua sensibilidade às opiniões dos empregados constituem manifestações convincentes dessa crença. Acima e além dessas medidas, a Lincoln Electric evita também as mordomias ligadas a cargo. Os gabinetes dos executivos são simples e funcionais. O estacionamento de carros é feito na base de quem chega primeiro fica com a vaga.[11] Todos almoçam na lanchonete da companhia, incluindo visitantes. Outra maneira de alinhar os interesses e *status* dos empregados com os dos gerentes é o estimulo à compra de ações. Como resultado desse trabalho, aproximadamente metade dos empregados são acionistas da empresa.

Boa vontade do empregado

A reação dos empregados à preocupação antiga da Lincoln Electric de lhes pagar altos salários, dar segurança no emprego, autogestão e dignidade, através das políticas e procedimentos que adota, é evidentemente positiva. (Ver a Ilustração 3-2, que contém uma lista de políticas claras que promovem essas metas para os empregados.) Em um estudo em profundidade que fizeram da companhia, Fast e Berg comunicaram que, "de modo geral, os empregados gostam de trabalhar na Lincoln".[12] Uma análise independente posterior às atitudes dos empregados corroborou essa avaliação, notando ainda o reconhecimento dos esforços da empresa "para ser aberta, honesta e justa" com eles.[13] O relato seguinte — de como alguns operários da fábrica reagiram a uma grave queda das vendas em princípios da década de 80 — fornece prova adicional da boa vontade dos empregados para com a empresa (bem como serve de testemunho da elasticidade e aptidões latentes desses indivíduos):

> Há dois anos, quando as vendas da Lincoln Electric Company despencaram por causa da recessão, 50 operários da fábrica ofereceram-se voluntariamente para ajudá-la.
>
> Após um rápido treinamento de vendas, eles se lançaram na estrada, tendo como compensação de despesas apenas 18 centavos por milha, sem ajuda alguma para pagamento de hospedagem ou refeições. Objetivo desses empregados: ajudar a vender o Modelo SP200 da empresa, um pequeno aparelho de soldagem lançado uns dois anos antes para uso em pequenas metalúrgicas e oficinas de lanternagem.
>
> A tática funcionou. Indivíduos que foram operários da fábrica durante toda a vida entravam em oficinas de lanternagem e diziam: "Oi, sou operário da Lincoln Electric. Tenho um aparelho de soldagem que gostaria de lhe vender." O "papo" resultou em 10 milhões de dólares em novas vendas e o pequeno aparelho de solda a arco voltaico é hoje um dos artigos mais vendidos pela Lincoln.[14]

Houve também apreensões, para sermos exatos. Um chefe de seção queixou-se da "tremenda pressão da alta administração para apresentar resultados". Mas temperou sua crítica da seguinte maneira: "Compensando a pressão há o fato de que os altos executivos são gente honesta. Compreenda, é mais difícil ser dispensado pela Lincoln Electric do que por quase qualquer outra companhia." Esse comentário revela a impressão geral entre os empregados dessa organização de que eram tratados com decência e justiça. Para muitos, o orgulho em ser concorrentes duros e bem-sucedidos ajudava também a compensar a pressão para que apresentassem resultados. Ou como Donald F. Hastings, presidente do Conselho e executivo-chefe da Lincoln Electric observou em uma entrevista a uma rede de televisão, em princípios de 1992: "Trabalho bom e dedicado nunca fez mal a ninguém."

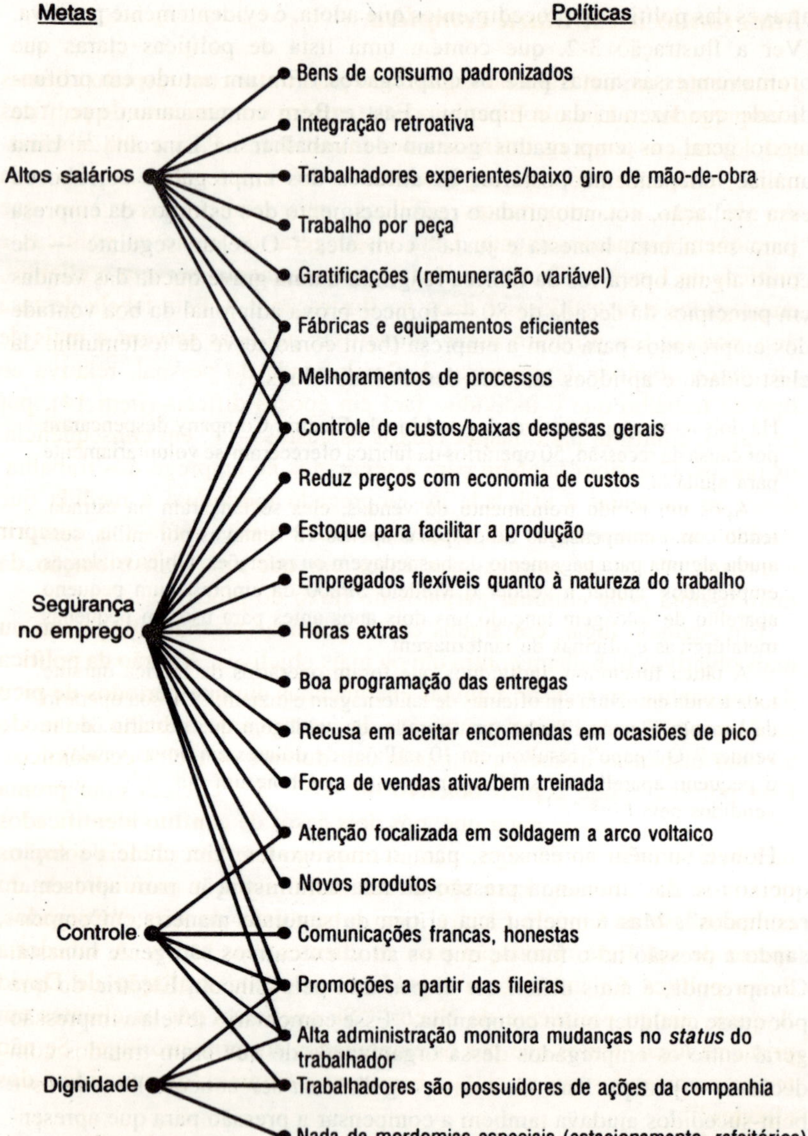

Ilustração 3-2 Políticas da Lincoln Electric para atingir suas metas com os empregados

Integrando a estrutura completa

Juntamente com um trabalho organizado para tratar com respeito clientes e empregados, a Lincoln Electric adota também um conjunto de políticas que levam em conta os interesses dos investidores. Para a alta administração, o desafio não é só implementar as diferentes políticas para cada um de seus três importantes públicos, mas também fazer com que funcionem harmoniosamente. Uma visão geral de como as políticas e práticas da Lincoln Electric, isolada e coletivamente, servem a clientes, empregados e investidores é dada na Ilustração 3-3. Esta tabela destaca dois pontos. Em primeiro lugar, numerosas políticas servem a mais de um único objetivo da empresa. A flexibilidade do pessoal, relativa ao tipo de trabalho que o indivíduo fará em épocas difíceis (item 14), por exemplo, contribui para manter baixos os custos — e, em conseqüência, os preços. Contribui também para a segurança no emprego dos trabalhadores ao aumentar a utilidade do empregado individual à medida que mudam as necessidades da empresa. Além disso, ajuda-a a cumprir rigorosos prazos de entrega, nos casos em que uma redistribuição da mão-de-obra pode eliminar gargalos no fluxo do processo.

Em segundo lugar, em alguns casos, políticas visando atingir um ou mais objetivos trabalham contra um ou mais objetivos. A razão da política da companhia em recusar algumas encomendas durante períodos de pico da demanda é a de limitar o aumento de sua força de trabalho, de modo a evitar dispensas quando a demanda cair durante os ciclos econômicos. Esta política colide com o objetivo de servir aos clientes com pronta entrega. É interessante notar que, nos dois casos de conflito identificados na tabela, o objetivo da segurança no emprego tem precedência sobre os objetivos dos clientes. Essa opção diz muito sobre a profundidade do compromisso da Lincoln Electric com o bem-estar de seus empregados, apesar de sua forte orientação para os clientes e os lucros. A sabedoria dessa política foi muito bem captada na seguinte avaliação de David Aycock, antigo presidente da Nucor: "Se queremos pôr os clientes em primeiro lugar, temos que pôr os empregados em primeiro lugar. Se não temos empregados que se sintam bem com a empresa, quem cuidará dos clientes?"

A perspectiva prática do assunto adotada por Aycock coloca uma questão interessante sobre a história da Lincoln Electric. Alguém poderia perguntar: "O que é que isso tem a ver com a ética empresarial? O enfoque adotado pela companhia é simplesmente boa prática empresarial?" É justamente este o argumento que queremos frisar. A maioria das

Políticas	Metas										
	Clientes					Empregados				Investidores	
	Qualidade	Preço	Entrega	Serviço	Manuseio	Salários	Segurança	Controle	Dignidade	Dividendos	Riscos
1. Controle de qualidade	x										
2. Trabalhadores pagos apenas por bons produtos	x										
3. Bens de consumo padronizados	x	x				x					
4. Integração retroativa	x	x				x					
5. Coordena desenho de produto e métodos	x	x									
6. Trabalhadores experientes/baixo giro de mão-de-obra	x	x				x					
7. Trabalho por peça		x				x					
8. Gratificações (remuneração variável)		x				x					
9. Espaço de fábrica e equipamento eficientes		x				x	x			x	
10. Melhoramentos de processos		x				x	x				
11. Controle de custos/ baixas despesas gerais		x				x	x			x	
12. Reduz preço com economia de custos		x					x				
13. Estoque para facilitar a produção		ñ	x				x				
14. Empregados flexíveis quanto ao tipo de trabalho		x	x				x				

	Clientes					Empregados				Investidores	
	Qualidade	Preço	Entrega	Serviço	Manuseio	Salários	Segurança	Controle	Dignidade	Dividendos	Riscos
15. Horas extras			x				x				
16. Boa programação de entregas			x				x				
17. Recusa em aceitar encomendas em ocasiões de pico			ñ				x				
18. Força de vendas ativa/bem treinada				x			x			x	
19. Atenção focalizada em soldagem a arco voltaico				x	x		x	x			
20. Novos produtos				x	x		x				
21. Programa de garantia				x	x						
22. Excelente desenho de engenharia				x	x						
23. Comunicações francas, honestas								x			
24. Promoções a partir das fileiras							x	x	x		
25. A alta administração monitora o *status* dos empregados							x	x	x		
26. Trabalhadores possuem ações da empresa								x	x		x
27. Nenhuma mordomia especial (estacionamento, refeitórios)									x		
28. Altos dividendos										x	
29. Baixo endividamento											x

Ilustração 3-3 Estrutura de política da Lincoln Electric para atingir metas relativas a clientes, empregados e investidores.

boas práticas empresariais — tais como as que Tom Peters e Robert Waterman puseram nas alturas em seu sucesso de livraria *In Search of Excellence* — é também moralmente boa. Muitas das políticas e práticas descritas na tabela refletem claramente consideração e respeito por pessoas. O simples fato de fazerem bom sentido empresarial não as torna necessariamente menos éticas. Curiosamente, James Lincoln não se refere à "etica" em seus trabalhos escritos. Em vez disso, chama atenção para o que os clientes querem e merecem, o que trabalhadores querem e merecem, e por que alguém nessas situações quer e merece ser bem tratado. Os princípios de administração que ele defende incluem claramente princípios éticos. Como resultado, a conduta ética permeia o estilo da empresa.

Salvaguardas éticas

Sendo a natureza humana o que é, pessoas em posição de comando reconhecem há muito tempo os limites dos incentivos positivos e a necessidade de tomar medidas preventivas. No mundo dos negócios, essas medidas variam da ameaça da alta administração de aplicar punições por conduta antiética a providências que afastem a empresa de situações comprometedoras ou de influências corruptoras. Como exemplo, vimos antes que a Dover Corporation estava disposta a cancelar a aquisição de uma firma produtora de parquímetros, se esse ramo de negócio expusesse seu pessoal a práticas antiéticas. Analogamente, algumas companhias evitam certos países por causa das pressões que seu pessoal provavelmente sofreria em matéria de suborno e outras práticas corruptas.

De particular interesse são os mecanismos que firmas éticas utilizam para combater pressões e tentações inerentes e inevitáveis no curso normal das atividades de negócios. Sistemas de controle e operações de auditoria prestam-se até certo ponto a esse fim. No entanto, sofrem a desvantagem de serem externos às ações questionáveis e só operarem após o fato consumado. O desejável é ter em vigor procedimentos e estruturas que desencorajem ou impeçam a má conduta no instante em que são tomadas decisões ou empreendidas ações. Todas as empresas que exigem duas assinaturas em cheques de grande valor estão praticando esse conceito. Juntamente com medidas simples desse tipo, gerentes podem inventar arranjos organizacionais mais elaborados, que criem um importante sistema de pesos e contrapesos.

O relato seguinte descreve como a General Mills dissuade seus gerentes de produto, altamente motivados, a recorrer à falsa publicidade com o objetivo de aumentar as vendas. Mostra também como um sistema de pesos e contrapesos na empresa pode ser cuidadosamente estruturado para protegê-la de grande vulnerabilidade.

General Mills

Como produtora de alimentos processados e cereais para desjejum, a General Mills depende fortemente de um trabalho de promoção para vender em um ramo de negócio altamente competitivo. A publicidade, a embalagem e o material de promoção destacando pontos fortes do produto devem atrair o olho e o interesse do consumidor, que tem que escolher entre uma profusão de marcas concorrentes que também lutam por atenção, fazendo às vezes alegações absurdas.

A fim de enfrentar esse desafio de comercialização, gerentes de produto e pessoal de marketing sofrem grande pressão para serem inovadores e vigorosos na conquista da preferência do consumidor. Um desses gerentes, ao comentar a troca compensatória entre lucros e ética, observou: "A General Mills orgulha-se de ser uma companhia ética. Em última análise, contudo, somos avaliados pelos números que apresentamos." O compromisso da empresa com resultados financeiros é explicitamente reconhecido em sua Declaração de Valores Empresariais: "Confiabilidade merecida em obter os resultados prometidos é parte de nosso compromisso recíproco com nossos acionistas e com nosso orgulho de fazermos parte da 'Companhia de Campeões'. Nosso compromisso básico com nossos acionistas é apresentar resultados financeiros que nos coloquem no quartil superior de todas as grandes companhias." A pressão é também autogerada no sentido em que indivíduos talentosos, dotados de alta energia, responsáveis por produtos individuais, são estimulados pelo próprio desafio da batalha competitiva.

Essas pressões motivam gerentes de linhas de produto a fazer as alegações mais irresistíveis possíveis sobre as virtudes do produto. Uma afirmação descaradamente desonesta não seria tolerada. O departamento jurídico da General Mills poria fim a isso, se chegasse a esse ponto. A linha entre o certo e o errado, porém, nem sempre é clara nesses assuntos. Práticas duvidosas da indústria podem projetar um falso padrão, especialmente no caso do gerente de marca que quer porque quer aumentar ou proteger sua participação no mercado. Além do mais, nem sempre é fácil distinguir entre verdade habilmente transmitida e logro. Um alto executivo deu alguma idéia dessa dificuldade em conexão com a pesquisa de mercado: "Embora geralmente não haja intenção de enganar, pessoas tendem a considerar os dados da maneira mais otimista possível. Elas freqüentemente lidam com várias tonalidades de cinzento, caso em que a capacidade de julgamento desempenha um papel importante."

Melhor que eliminar as pressões pelo desempenho econômico — e apesar de correr o risco de reprimir a vigorosa criatividade de seus campeões de produto —, a General Mills utiliza salvaguardas organizacionais para proteger-se contra quaisquer práticas impróprias ou antiéticas, especialmente as que dizem respeito a alegações sobre produtos.

- Uma salvaguarda é o processo de revisão usado para liberar alegações da publicidade e rotulação de alimentos. Rita Warren, gerente de serviços técnicos e educação de nutrição, descreve seu trabalho da seguinte maneira:

> A questão é saber se as alegações representam a verdade e se constituem informações úteis para o consumidor. Há sempre pressão para esticar um pouco a verdade e tornar o produto tão atraente quanto possível. O que torna a questão cabulosa é que há ocasiões em que atender a essas solicitações se justifica. Concordamos, por exemplo, em incluir informações sobre gorduras saturadas, mesmo que isso não fosse exigido por lei, porque oferecia aos consumidores a informação que desejavam.
>
> O maior problema é quando suspender a promoção devido a dados incompletos. Quando há mudança na fórmula, há necessidade de submeter o produto a teste, comprovar que o processo manufatureiro assegurará produção de qualidade e, finalmente, monitorá-la. Isso consome tempo. Entretanto, o pessoal da linha de produto está sob pressão para agir rapidamente, a fim de lançar no mercado o novo produto. Em última análise, tenho que julgar até que ponto estou disposta a prever resultados.

- Outra salvaguarda contra alegações falsas sobre produtos é proporcionada por uma divisão centralizada de serviço de marketing. O relato seguinte de David Murphy, vice-presidente e gerente-geral dessa divisão, exemplifica o desafio de equilibrar conduta responsável e desempenho econômico em uma empresa altamente motivada e complexa como a General Mills:

> Há não muito tempo, um nutricionista começou a questionar a maneira como o cálcio estava sendo usado para promover cereais. Anunciando o cálcio na embalagem, deixávamos implícito que isto ajudaria o consumidor com relação às suas necessidades do mineral. O problema era que ninguém sabia quanto do cálcio presente no cereal seria biodisponível. Havia a impressão geral de que se tornava disponível ao corpo, mas este fato não fora provado.

Ainda que não houvesse obrigação legal de agir sobre o caso e embora muitos de nossos concorrentes estivessem também badalando o cálcio, resolvi finalmente insistir em um teste que confirmasse a biodisponibilidade deste mineral. Isso parecia uma situação frustrada a princípio. Se o teste desse resultado positivo, a companhia simplesmente continuaria a fazer o que já vinha fazendo. Se fosse negativo, teria que suspender as alegações até que pudesse descobrir outra maneira de utilizar um cálcio que fosse biodisponível. Em qualquer caso, recursos limitados para pesquisa seriam empatados nesse teste, e não em outros mais positivos. Além do mais, a unidade operacional não os custearia. Eu, porém, achei que devíamos isso a nós mesmo e aos nossos clientes, e financiei os testes com meu próprio orçamento.[15]

• Outra salvaguarda consiste ainda em criar uma unidade que tenha a responsabilidade de representar o ponto de vista dos consumidores aos profissionais encarregados de formular e promover produtos alimentares.[16] O esforço que a General Mills faz para evitar enganar os consumidores é evidente na seguinte descrição que Marsha Copeland nos dá de seus deveres como diretora do Betty Crocker Food and Publications Center.

Entre seus vários deveres, meu departamento representa o consumidor perante os laboratórios da companhia, supervisiona a preparação de alimentos para comerciais e livros de receitas e redige as instruções sobre cozimento nas embalagens. No tocante a representar o consumidor perante o laboratório, dizemos ao pessoal técnico coisas tais como os tipos de utensílios que os consumidores usam habitualmente. Dando um exemplo, embora o produto possa ser cozido melhor em uma fôrma de sete por sete, ela não pode ser usada para teste ou demonstração, uma vez que as donas-de-casa não costumam usar esse tamanho. Neste particular, o departamento quer saber como o produto ficará quando o consumidor usar medidas imperfeitas ou quando a temperatura e o tempo de cozimento não forem exatamente os recomendados pelas especificações. Para esse fim, testes aleatórios de tolerância são feitos, começando com um caso base em que tudo é feito com perfeição e, depois, variando no volume de água adicionada, temperatura, tempo de cozimento etc., para descobrirmos em que faixa o produto ainda será preparado devidamente. Se o produto fracassar em excesso, terá que ser reformulado. Claro, temos que levar em conta a troca compensatória entre aumentar a qualidade e o que o consumidor está disposto a pagar.

No que diz respeito aos comerciais, nosso trabalho consiste em evitar que o pessoal de operação ou os fotógrafos apresentem o alimento de alguma maneira exageradamente favorável. Eles, por exemplo, poderiam tentar pôr mais cobertura em um bolo do que se poderia obter com a porção normalmente vendida, a fim de fazer com que ele tenha melhor aparência. Este procedimento não é permitido. Analogamente, não permitimos que suflês de batata sejam mostrados crescendo até o alto da fôrma, porque não é assim que eles ficam exatamente após o cozimento. O suflê tende a crescer e, em seguida, a assentar. Se começamos com uma pequena fôrma cheia até as bordas, ele derrama no forno. Em uma fôrma maior, ele assentaria e ficaria abaixo da borda. Obviamente, o anunciante prefere mostrar uma fôrma cheia, porque ela parece mais atraente.

Quando chega a ocasião das instruções sobre a embalagem, a companhia preocupa-se especialmente com a questão da segurança. É difícil saber o que um consumidor já sabe e se entende tudo o que lê. Isto pode ser um problema com crianças que usam produtos para preparo em fornos de microondas.

O sistema usado pela General Mills para fazer com que seus gerentes de linha de produto concorram vigorosamente, usando unidades de seu quadro de pessoal para protegê-la contra iniciativas ilegais ou indesejáveis por outros motivos, é prática comum em grandes empresas americanas. No entanto, o refinamento dos controles mútuos e a seriedade com que essas funções de controle são praticadas pela maioria dos empregados da General Mills assumem características excepcionais. O funcionamento eficaz dessa salvaguarda organizada sem dúvida reflete em parte o compromisso geral da General Mills com padrões éticos. Entretanto, duas outras considerações exercem uma influência direta importante sobre o motivo por que essas salvaguardas exigem a atenção da administração. A primeira é a alta probabilidade de má conduta neste particular. No caso da General Mills, é intensa a pressão pela atenção do consumidor — ou seja, a dimensão em que os produtos vivem e morrem na participação no mercado. Dada a natureza da publicidade dos produtos, padrões de retidão podem deteriorar-se facilmente. O outro fator é que é provável que sejam altos os danos resultantes de má conduta. A publicidade falsa pode ser dispendiosa tanto em seu impacto sobre o desempenho do produto quanto sobre a confiança dos consumidores na integridade da administração da empresa. Nos casos em que são altos os riscos, a administração tem que ir além das boas intenções e de diretrizes gerais. Salvaguardas fortes têm que ser instituídas para manter dentro de limites aceitáveis as iniciativas competitivas.

A utilização de salvaguardas implica também alguns custos. Conceber, pôr em ação e manter uma medida protetora consomem tempo e recursos valiosos. Além do mais, a moral pode sofrer quando as limitações são consideradas excessivas ou mal-orientadas. Por essas razões, gerentes graduados precisam ser seletivos no estabelecimento das mesmas. A mais alta prioridade deve ser dada a situações em que é alta a tentação, onde a detecção é difícil e onde é alto o dano potencial à empresa.

Diretrizes formais: códigos de ética

Em anos recentes, muitas empresas vieram a confiar em códigos de ética de um ou de outro tipo como principal porta-voz da filosofia e expectativas da alta administração no que concerne à conduta ética. De acordo com um levantamento, mais de 80% das grandes empresas adotaram códigos de ética.[17] Em muitos casos, são irrealisticamente altas as expectativas da administração quanto ao papel que os códigos podem desempenhar na prática. Normalmente, o código fornece à empresa um marco de referência, definindo as áreas de preocupação ética e os valores básicos que devem orientar a ação. Na melhor das hipóteses, pode ser também altamente inspirador, despertando orgulho nos empregados e admiração em estranhos. O importante a compreender é que os códigos éticos são simplesmente um dos muitos instrumentos disponíveis para motivar conduta ética na empresa... e, em geral, não os mais importantes.

Os códigos variam muito em objetivo e conteúdo. O Mark Twain Bancshares distribui a seus empregados um documento datilografado de 19 páginas, em espaço um, intitulado "Padrões Éticos e Política sobre Conflitos de Interesses", que os instrui sobre o que é e não é conduta permissível, tanto em conceito quanto em detalhe. Em contraste, a declaração de ética da Cray Research, mostrada na Ilustração 3-4, desenha uma ampla perspectiva em apenas 120 palavras. Esses enfoques distintos refletem diferenças na natureza de dois ramos de negócios e de duas empresas.

O Mark Twain, banco que opera em muitas cidades, lida com partes externas através de numerosos empregados, em um ramo de negócio em que conduta irregular tende a repetir-se em relação a ações facilmente identificáveis — tais como contribuições para partidos políticos, troca de presentes e outros atos de reciprocidade. Nesta situação, a gerência vê necessidade de garantir que todos os seus empregados compreendam claramente em que áreas é provável que surjam problemas éticos e como evitá-los. Além do mais, o emprego de normas detalhadas está de acordo com práticas bancárias costumeiras e reflete detalhados regulamentos estaduais e federais. Na Cray Research, o problema ético potencial não é tão visível no negócio de vender supercomputadores a compradores sofisticados. A declaração geral de princípios e a falta de instruções detalhadas estão também de acordo com a ênfase da administração em manter um ambiente criativo e de confiança para seus empregados, todos

ÉTICA NA CRAY

Os empregados da Cray confiam em que seus colegas farão bem seu trabalho e de acordo com os mais altos padrões de Ética
— O Estilo Cray

O que é que altos padrões éticos significam em termos de conduta nos negócios? Significam que cada decisão prática é uma decisão ética. A Cray Research não pode nos dizer, nem nos dirá, como deveremos nos conduzir. Para isso, bom julgamento é necessário — e ele não tem substituto. Existe, contudo, um teste simples do nosso julgamento e padrões éticos, que se aplica a todas as situações e a todas as decisões que tomamos como empregados da Cray.

Esse teste inclui duas perguntas básicas. Como eu me sentiria se minha família e meus amigos fossem informados de meus atos? Eu gostaria que um relato de minhas atividades aparecesse na primeira página dos jornais?

Submeta-se você mesmo a este teste. A reputação da Cray, e a sua, estão em jogo.

Ilustração 3-4 Ética na Cray

eles com formação nas profissões liberais. Evidentemente, diferem os desafios que os altos administradores enfrentam nessas duas companhias e, em conseqüência, diferem o objetivo e a forma dos documentos.

Em relação a detalhe e conteúdo, os códigos de ética da maioria das firmas se situam em algum lugar entre o do Mark Twain Bancshares e a Cray Research. Os mais detalhados prescrevem em geral o comportamento a ser adotado em áreas de interesse especial, como é mostrado pelo código da Dow Jones & Company a respeito de conflitos de interesses. O parágrafo inicial, com uma referência velada ao caso Winan, estabelece claramente o tom do documento.

> É importante que todos os empregados mantenham em mente o enorme embaraço e dano que poderiam causar à reputação da Companhia e aos seus colegas um lapso de julgamento cometido por uma única pessoa, ou por uma pessoa estreitamente ligada a essa pessoa, por mais bem-intencionada que ela possa ser. Uma vez que pensamos que é essencial que todos os empregados estejam acima de qualquer suspeita, consideramos qualquer lapso em julgamento nas áreas abrangidas por esta declaração política como suficientemente grave para justificar-lhe a dispensa.

Conforme pode ser visto nos excertos seguintes, a declaração política inclui diretrizes gerais e específicas.

> Reiteramos que não é suficiente ser incorruptível e agir com motivos honestos. É igualmente importante usar bom julgamento e conduta nas atividades externas, de modo que ninguém — a administração, nossos editores, um investigador da SEC, ou um crítico político da Companhia — tenha o menor fundamento para sequer levantar a suspeita de que um empregado usou mal o seu cargo na Companhia.
>
> * * *
>
> (ii) Nenhum empregado habitualmente designado para uma indústria específica, nem membros de sua família, deve investir em qualquer empresa que faça parte, no todo ou em grau importante, dessa indústria.
>
> (iii) Nenhum empregado com conhecimento de um artigo, item ou anúncio a serem publicados relativos a uma companhia ou indústria deve, antes da publicação do citado artigo, item ou anúncio, investir ou de qualquer maneira estimular ou ajudar qualquer outra pessoa a investir nessa companhia ou companhias dessa indústria; nem deverá o empregado vender ou ajudar qualquer outra pessoa a vender um título dessa companhia antes da publicação sem aprovação prévia do membro apropriado da Comissão de Administração.[18]

Diretrizes específicas dessa natureza devem obviamente ajudar as pessoas a se tornarem mais sensíveis aos problemas em questão e mais conscientes da maneira de agir. E, o que é mais importante, o impacto das diretrizes pode ser facilmente estendido além dos itens específicos mencionados quando os empregados projetam o espírito e as regras do comportamento prescrito a situações que têm uma relação apenas secundária ou não têm relação alguma com as que foram mencionadas.

Por uma grande variedade de razões, esses benefícios não são compreendidos por muitas companhias. Alguns códigos são mero trabalho de fachada. O objetivo é que tenham boa aparência, mas não interfiram nas realidades dos negócios. A hipocrisia, mais visível para os que estão mais envolvidos nas operações comerciais da empresa, simplesmente representa um escárnio ao processo. Muitos deles — e podem ser encontrados em empresas grandes, altamente reputadas — fracassam devido ao fato de só se preocuparem com seus próprios interesses. Focalizam-se no cumprimento, pelo empregado, de regulamentos destinados a proteger a empresa, dando pouca importância às obrigações dela com seu pessoal ou com outras partes interessadas. De acordo com um estudo, a maioria dos códigos é "paternalista ou autoritário no tom, dizendo na verdade aos empregados que a boa conduta ética está correlacionada positivamente com salário e status".[19] Um comentário abrangente de códigos de ética informa que apenas 40 dos 155 estudados continham declarações sobre as obrigações da empresa com seus empregados. O estudo ainda argumentava que a inclusão de informações acerca dos direitos e privilégios dos empregados tem mais probabilidade de inspirar fé e obediência ao código, de parte dos empregados, do que sua omissão.[20] Mas até mesmo códigos bem-intencionados e bem-redigidos podem não ser levados muito a sério.

Assegurando a credibilidade

Por sua própria natureza, os códigos de ética, especialmente os que são menos detalhados e que refletem um esforço para inspirar (os chamados Credos), correm o risco de serem considerados como pouco mais do que retórica da administração, palavras altissonantes mas destituídas de significação. Altos administradores não podem simplesmente redigir e publicar um código de ética. Precisam também tomar medidas que dissipem o ceticismo que essas declarações tendem a gerar.

A credibilidade que a empresa atribui a um novo código ou credo depende de vários fatores. A qualidade da declaração de princípios é obviamente importante. Precisa ser bem redigida e ser relevante para as necessidades da empresa. É também de importância crítica o compromisso da alta administração com preceitos isolados, bem como com o espírito global da declaração. Quanto ela mais se envolver em conceituar e redigir a declaração, mais positiva provavelmente ela será neste particular. O terceiro ponto é a eficácia com que consegue transmitir a importância e relevância da declaração para a empresa em geral. Em quarto, a extensão em que os subordinados são tornados responsáveis por seu cumprimento.

Mas a introdução de um novo código ou credo não é a única ocasião em que surge a questão da credibilidade, que pode ser perdida com a passagem do tempo. Esse fato aconteceu na Johnson & Johnson. A maneira como a administração enfrentou esse problema é altamente instrutiva e aborda cada um dos quatro fatores mencionados acima.

O Credo da Johnson & Johnson

Robert Wood Johnson, "o General", filho do fundador e presidente do Conselho de Administração da J&J de 1938 a 1963, é em geral considerado como o indivíduo mais responsável pela formação do caráter da companhia. Suas opiniões, formalizadas na década de 40 como o Credo, destacavam as responsabilidades da empresa com os clientes, empregados, comunidades em que operava e, finalmente, com os acionistas. (A versão mais recente é mostrada na Ilustração 3-5). Durante anos, foi em geral reconhecida como fornecendo uma filosofia básica e unificadora que orientava todas as decisões importantes. O Credo era exibido em lugar de destaque nas salas de todos os gerentes.

Em fins da década de 70, Jim Burke, na ocasião presidente da companhia e que logo depois se tornaria executivo-chefe e presidente do Conselho de Administração, percebeu uma crescente tendência na empresa a um respeito meramente simbólico ao compromisso com o Credo. Nas palavras abaixo, ele descreve o que fez para revitalizar a compreensão, pelo pessoal, da relevância e importância dessa declaração de princípios:

> Pessoas como meu antecessor acreditavam fervorosamente no Credo, mas o fato era que gerentes de unidades operacionais não estavam geralmente comprometidos com ele. Notava-se a atitude crescente de que o Credo existia, mas que ninguém tinha que fazer coisa alguma a esse respeito. Em vista disso, convoquei uma reunião de cerca de 20 altos executivos e provoquei seus brios. Disse a eles: "Aqui está o Credo. Se não vamos viver de acordo com ele, então é melhor tirá-lo da parede. Se querem mudá-lo, digam-nos como fazer isso.Temos que assumir um compromisso com ele ou nos livrar dele."
>
> A reunião foi como um abrir de olhos, porque estávamos desafiando os próprios valores pessoais dessas pessoas. Cada palavra recebeu toda a atenção. Como resultado, obrigaram essas pessoas a pensar no que a empresa queria, no que elas queriam e se podiam viver ou não com os princípios que defendemos. No final da reunião, os gerentes haviam aprendido muito e desenvolvido entusiasmo pelos benefícios do Credo. Posteriormente, Dave Clare (presidente da J&J e gerente-geral) e eu reunimo-nos com grupos menores de gerentes em todo o mundo para promover o Credo.

Nosso Credo

Acreditamos que nossa primeira responsabilidade é com médicos, enfermeiras e pacientes, com mães e pais, e com todos aqueles demais que usam nossos produtos e serviços. Ao lhes atender as necessidades, tudo que fazemos deve ser de alta qualidade. Devemos nos esforçar constantemente para reduzir nossos custos, a fim de manter preços razoáveis. Os pedidos dos clientes devem ser atendidos pronta e exatamente. Nossos fornecedores e distribuidores precisam ter a oportunidade de obter um lucro justo.

Somos responsáveis perante nossos empregados, os homens e mulheres que trabalham conosco em todo o mundo. Todos devem ser considerados como pessoas. Temos que lhes respeitar a dignidade e lhes reconhecer o mérito. Eles precisam sentir senso de segurança em seus empregos. A remuneração deve ser justa e suficiente e, as condições de trabalho, limpas, organizadas e seguras. Temos que descobrir maneiras de ajudar nossos empregados a cumprir suas responsabilidades com a família. Os empregados têm que ser livres para fazer sugestões e queixas. Todos os empregados qualificados devem ter oportunidades iguais de acesso, desenvolvimento e promoção. Temos que fornecer administração competente e seus atos devem ser justos e éticos.

Somos responsáveis perante as comunidades onde vivemos e trabalhamos e também perante a comunidade mundial. Temos que ser bons cidadãos — apoiar boas obras e instituições de caridade e pagar nossa justa cota de impostos. Temos que encorajar o melhoramento cívico e o aprimoramento da saúde e da educação. Temos que manter em boa ordem a propriedade que temos o privilégio de usar, protegendo o ambiente e os recursos naturais.

Nossa responsabilidade final é com os nossos acionistas. A empresa deve gerar um bom lucro. Temos que experimentar novas idéias. A pesquisa deve ser contínua, programas inovadores devem ser desenvolvidos e devemos pagar pelos erros que cometermos. Novos equipamentos precisam ser adquiridos, novas instalações construídas e novos produtos lançados. Reservas terão que ser formadas para nos proteger em tempos difíceis. Quando operamos de acordo com esses princípios, os acionistas devem poder obter um justo retorno.

Johnson & Johnson

Ilustração 3-5 Nosso Credo, da Johnson & Johnson

No esforço para renovar o compromisso da empresa com o Credo, Burke mencionou todos os fatores que afetam a credibilidade. Em primeiro lugar, o Credo foi examinado e esmiuçado palavra por palavra, a fim de confirmar-lhe a relevância em qualidade. Como resultado, foram feitas várias modificações para adaptá-lo a novas circunstâncias. Em segundo, a reunião inicial de desafio proporcionou aos altos executivos uma oportunidade de redefinir a relevância e importância das diretrizes e lhes reacender o entusiasmo pelo Credo. Em terceiro, a série de reuniões que Burke e Clare realizaram durante todo o ano com pequenos grupos da J&J pelo mundo afora constituiu um grande esforço para transmitir a relevância e importância do Credo à empresa como um todo. Em quarto, os altos executivos passaram a considerar seus subordinados como responsáveis pela observância do Credo, utilizando cada um daqueles preceitos como padrões para avaliar decisões e ações. O seguinte relato ilustra este último fator:

> ... quando um gerente de companhia sugeriu o fechamento de uma fábrica mais antiga e que não dava lucros, localizada em uma pequena cidade do sul dos Estados Unidos, a comissão executiva manteve uma longa discussão com ele sobre possíveis alternativas e as responsabilidades que achavam que a J&J tinha com o pessoal da localidade. A comissão alterou substancialmente o plano, sugerindo que outra companhia da J&J que estava procurando expandir-se usasse parte das velhas instalações e alguns dos empregados. Como resultado, foram conservados duzentos empregos. A comissão alterou também os programas de desligamento e relocalização que o gerente da companhia recomendara e ajudou na criação de um serviço local de colocações para as indústrias da região. Em nenhum momento foi posto em dúvida o julgamento do gerente da companhia sobre o fechamento de um negócio que não dava lucro. A comissão executiva, no entanto, alargou o alcance do plano para harmonizá-lo mais com o tratamento que o Credo prescreve para empregados e comunidades, esperando também que ele aprendesse com essa experiência.[21]

Para Burke, a maior prova do poder do Credo ocorreu com a reação da empresa à crise do Tylenol.[22]

> Não acredito que pudéssemos ter feito o que fizemos com o Tylenol, se não tivéssemos passado pelo processo de desafiar a nós mesmos e nos comprometido com o Credo. Tínhamos dezenas de pessoas tomando decisões e, todas elas, às pressas. E tinham que tomá-las com tanta sabedoria quanto haviam aprendido a fazê-lo. A razão por que as tomaram tão bem como fizeram foi que sabiam qual era o conjunto de convicções da empresa para a qual trabalhavam e, assim, tomaram essas decisões com base nesse conjunto de crenças. E foram pouquíssimos os erros que cometemos.

> Acho que a história do Tylenol foi a coisa mais importante que ocorreu no mundo dos negócios americanos para frisar o valor de uma declaração moral.

O poder do Credo da J&J de guiar e motivar comportamento não vem de palavras — o próprio Burke reconhece que elas parecem pretensiosas no ambiente moderno —, mas da validade dos conceitos e da capacidade da alta administração de inspirar o compromisso da empresa com seu cumprimento.

Posteriormente, a J&J iniciou um programa de pesquisas sobre o Credo, pedindo aos empregados que classificassem em um questionário detalhado e confidencial a eficácia com que a empresa, sua administração e seus chefes imediatos estavam se desincumbindo das principais responsabilidades definidas no documento. É importante notar que a administração utilizou a pesquisa para reforçar sua sensibilidade ética numa ocasião em que essa necessidade era a mais premente. Ou, como disse um observador sobre a pesquisa: "O documento está fortemente inclinado para a responsabilidade da J&J com seus empregados. Isto se deveu em parte ao fato de tratar-se de uma pesquisa voltada para os empregados (e não, por exemplo, para os clientes) e também, até certo ponto, devido ao fato de que, durante muito tempo, Jim Burke achou que a responsabilidade do empregado era provavelmente a área mais fraca do desempenho do Credo para a companhia."[23] Parece natural e óbvio que gerentes comprometidos com a conduta ética focalizassem a atenção em seus pontos fracos ou em suas áreas menos desenvolvidas com preocupações dessa natureza. Que tão poucos façam isso constitui um tributo à compreensão de Burke sobre o que precisava ser feito para promover os padrões éticos da empresa e à sua coragem em correr o risco de abrir a caixa de Pandora, que podia conter irritantes dilemas e desafios éticos.

Os códigos de ética raramente representam um papel tão forte como aconteceu no caso da J&J. Uma experiência mais comum será provavelmente a que foi relatada por uma comissão de altos executivos da Armstrong World Industries, ao avaliar o conteúdo e função da declaração de princípios éticos da empresa.

> Nossa impressão é que a conduta de nossos empregados constitui um dos pontos fortes de nossa companhia e que devemos proteger e alimentar essa força. É difícil, no entanto, relacionar tal força à existência de nossos Princípios Operacionais... O papel desses Princípios parece ter sido o de presença passiva. Existem, são aceitos como corretos, dão motivo a algum orgulho e conforto e são ocasionalmente citados (embora, às vezes, apoiando opiniões muito diferentes). Isto é provavelmente o máximo que devemos

esperar deles. Princípios Operacionais, quaisquer que seja o nome que resolvamos lhes dar, não podem criar e manter uma forte moral e clima ético, embora possam reforçar esse clima.

Como indica o relato, o código de ética é apenas um elemento entre muitos para motivar conduta moral nos negócios. A conclusão de que a função principal de um código dessa natureza é reforçar, e não criar, um forte clima moral e ético contesta claramente a prática comum de usar tais padrões e diretrizes como peça de proa de um programa ético de empresa. A credibilidade e o valor desses códigos dependem de outras medidas que a alta administração implemente para estimular a conduta ética, especialmente mediante uso dos processos organizacionais básicos que orientam a tomada de decisões e a ação.

Uma estrutura eticamente favorável de políticas e procedimentos

As experiências da Lincoln Electric, General Mills e J&J são instrutivas de várias maneiras.[24] Talvez a lição mais importante para altos executivos tenha a ver simplesmente com o fato de ela reconhecer o papel vital que uma estrutura abrangente e coesa de políticas e práticas pode desempenhar na aplicação e extensão a toda a empresa de suas aspirações éticas. Uma estrutura desse tipo contribui para a saúde moral da firma ao motivar pessoas moralmente indecisas a se comportarem eticamente — e a não procederem antieticamente — e ao fornecer confirmação e justificação aos eticamente condicionados.

Os relatos neste capítulo indicam também a necessidade de que essas estruturas de política dediquem atenção especial a certas atividades que são fundamentais para os resultados empresariais, mas também vulneráveis a abuso. As alegações sobre produto configuram uma dessas áreas para a General Mills; no caso da Lincoln Electric, o importante consiste em proteger os empregados contra as poderosas pressões de clientes e investidores. As áreas de preocupação podem ser diferentes para unidades operacionais na mesma empresa e mudarem no tempo, à medida que mudam condições e objetivos. Nos casos em que são fortes as pressões e expectativas por desempenho, políticas e práticas que reforcem a conduta ética precisam ser comensuravelmente poderosas.

Uma área que a maioria dos altos executivos deve examinar em busca de possíveis problemas com expectativas e pressões motivacionais é a do sistema de remuneração da firma. As políticas e práticas de remuneração podem ser determinantes críticos da conduta na empresa e, por conseguinte, terão influência importante sobre sua ética. A ênfase crescente no pagamento por desempenho intensifica essa ligação. No grau em que avaliações de merecimento se concentrarem estreitamente nos lucros, elas são capazes de exercer fortes pressões sobre gerentes e trabalhadores para que façam tudo o que considerarem necessário para atingir os alvos de rentabilidade da empresa.[25] Além do mais, como concluiu a Comissão Nacional sobre a Apresentação de Resultados Financeiros Fraudulentos, premiar gerentes que recorrem a práticas manipulativas com o objetivo de atingir seus alvos orçamentários provavelmente degradará o sistema de apresentação de resultados da firma.[26]

A necessidade da alta administração definir desempenho no "pagamento por desempenho" como mais do que apenas lucros (ou outros retornos financeiros, participação no mercado etc.), a fim de incluir o desempenho ético, deve ser óbvia. O que será provavelmente menos óbvio é como fazer isso de maneira que crie uma força compensadora eficaz contra as pressões pelo lucro. Um estudo em profundidade de 12 empresas explica por que os lucros podem ser tão poderosos e irresistíveis como força motivadora na empresa moderna. Diz o estudo que, quase sem exceção, os presidentes de empresa dão a maior ênfase às aferições contábeis de lucros, porque preferem avaliar seus subordinados da mesma maneira como eles e a empresa estão sendo avaliados. As aferições são relativamente precisas e objetivas porque se baseiam em um conjunto refinado de regras de avaliação e passam por auditoria detalhada em base periódica. E a maioria dos administradores as compreendem porque vêm trabalhando com elas durante toda sua vida profissional.[27]

A aferição e avaliação da conduta ética sofrem em comparação. Em vez da escala quantitativa precisa e objetiva oferecida pelos lucros, a medição da conduta ética depende de avaliações qualitativas, implicando muitas vezes um alto grau de objetividade. De modo geral, lucros de 3 milhões de dólares são 50% melhores do que lucros de 2 milhões. Analogamente, uma perda de 200.000 dólares é pior do que nem ter lucros nem prejuízos. Mas de que modo pode uma empresa comparar a gravidade entre vender produtos adulterados e despejar efluentes perigosos em um rio ou tolerar condições de trabalho perigosas numa fábrica?

Além do mais, enquanto lucros e perdas são igualmente visíveis, ações éticas positivas (correspondendo a lucros) tendem a ser menos evidentes na maioria das empresas do que infrações éticas comparáveis (que de certo modo se assemelham a perdas financeiras). Incontáveis decisões individuais de fazer o que é correto no curso das operações de negócios são aceitas como questões de rotina e passam despercebidas. Muitas, se não a maioria dessas decisões éticas, são tomadas com o piloto-automático mental, com pouca ou nenhuma consideração explícita a respeito de tirar vantagens de outras pessoas. Assim, embora lucros de operações de rotina valham tanto quando os produzidos por ações extraordinárias, o grosso da conduta ética positiva não é na maior parte medido, e provavelmente é imensurável.

O problema de incentivos geradores de conseqüências indesejáveis que comprometem as intenções da alta administração não se limita aos planos de remuneração. Todas as pressões fortes para motivar conduta e desempenho — mesmo que por um objetivo ético — correm o risco de produzir conseqüências inesperadas. A dedicação absoluta de servir bem ao clientes poderia resultar em pressões excessivas sobre empregados ou fornecedores. O grande desafio na administração de uma estrutura de políticas e práticas para motivar a conduta ética é assegurar sua força e vitalidade contínuas, ao mesmo tempo em que protege a firma contra conseqüências indesejáveis.

4

Reforçando o Compromisso Ético

O trabalho de administrar a ética na empresa jamais termina de todo. Tal como observou William Adams, presidente do Conselho de Administração e presidente da Armstrong World Industries: "A conduta ética de uma empresa parece com uma grande roda-gigante. Ela pode ter bastante impulso, mas acabará por perder velocidade e parar, se não lhe fornecermos energia." Através dessa comparação, Adams chama atenção para a importância dos altos executivos envidarem esforços para reforçar e alimentar o compromisso da empresa com práticas éticas, mesmo no caso daquelas que já possuem fortes tradições nesta questão.

Este capítulo examina a maneira como empresas com valores éticos fortemente enraizados mantêm o compromisso assumido (impedem que a roda-gigante perca velocidade). Descreve algumas maneiras diferentes, através das quais podem reforçar a estrutura formal de políticas e procedimentos eticamente correlacionados. Ainda que a maioria dessas atividades de reforço seja provavelmente adotada por quase todas as firmas que promovem a ética em suas atividades, a ênfase relativa dada a cada uma delas bem como o modo como cada uma é integrada em um todo coeso diferem de uma empresa à outra. A comparação entre duas delas mostrará de que modo a alta administração leva em conta o caráter próprio de sua empresa e a situação particular de negócios que enfrenta na abordagem global do problema. Na Armstrong World Industries, uma firma industrial convencional que opera em mercados antigos e altamente competitivos, a ênfase é colocada no esforço para tornar as regras claras, avaliar desempenho e punir violações. A Hewlett-Packard, concorrente em eletrônica de alta tecnologia, enfatiza atividades muito diferentes em seu trabalho para reforçar os padrões éticos, que são semelhantes aos observados na Armstrong. Por último, no caso da General Mills, examina a participação da administração da empresa em serviços comunitários com o objetivo de verificar como essas atividades se relacionam com a conduta ética.

Armstrong World Industries

A Armstrong World Industries tem uma longa história de compromisso com a ética. À época de sua fundação, como produtora de artigos de cortiça, em 1860, pouco antes da Guerra Civil, as empresas geralmente funcionavam na base do princípio *Caveat Emptor* ("Que o comprador se cuide"). De acordo com a história publicada da companhia, Thomas Armstrong adotou o lema "Que o comprador tenha confiança" e, começando em 1864, pôs seu próprio nome em todo saco de rolhas, tornando-o um dos primeiros produtos não diretamente vendidos aos consumidores a levar um nome de marca.[1] Em 1993, a Armstrong World Industries era uma grande fabricante de coberturas de pisos, materiais de construção, mobiliário e outros artigos industriais, com vendas totais de mais de 2 bilhões de dólares. A companhia, com sede e grandes instalações em Lancaster, Pennsylvania, emprega aproximadamente 22.000 pessoas e possui fábricas em 17 Estados e 10 países estrangeiros.

Apesar do seu tamanho e complexidade, e dos fortes desafios competitivos que enfrenta, o legado de merecer o respeito dos clientes continua evidentemente a permear a empresa. Quando perguntado como a Armstrong mantém o clima ético, Adams respondeu:

> Reforçamos de várias maneiras nosso compromisso com a prática ética. Em primeiro lugar, falamos neste assunto o tempo todo. Em segundo, a companhia dispõe de uma declaração de princípios explícita, que nos orienta em todas as nossas ações. Em terceiro, insistimos em avaliar desempenho. Em quarto, punimos os infratores. Em quinto, damos a nosso pessoal a oportunidade de falar com qualquer pessoa na companhia a respeito de assuntos ligados a questões éticas. O acesso ao alto escalão pode ser de grande importância.

Outros administradores ampliaram a lista de Adams, mencionando o tipo de pessoal contratado, a continuidade dos valores sob a liderança de vários presidentes que se sucederam no cargo e o trabalho cuidadoso para eliminar tentações.

A lista de fatores, à qual outros caberiam ser acrescentados, pode ser confusa para alguém que tente compreender como a administração da Armstrong mantém a roda-gigante girando. Agrupar os vários elementos sob dois grandes temas — promover os padrões éticos e desestimular a má conduta — ajudará a mostrar a coerência geral desse trabalho de reforço.

A promoção de padrões éticos

A declaração de princípios da Armstrong, mostrada na Ilustração 4-1, contém o compromisso com a ética empresarial. Grande parte do trabalho da alta administração concentra-se em reforçar, em uma grande variedade de meios positivos, essa declaração de intenções. O caráter de condicionamento, de alto a baixo, é formado por atividades tais como palestras destinadas a despertar entusiasmo, a cargo do executivo-chefe e de outros altos administradores, através de concepção hábil e emprego de histórias inspiradoras, dando bons exemplos de tratamento solícito aos empregados e estimulando-os a procurar o alto escalão quando precisarem de orientação.

Palestras para reforçar o moral

Bill Adams desempenha um papel decisivo na manutenção do tom ético que a Armstrong estabeleceu ao longo dos anos. Um gerente técnico recentemente contratado forneceu alguma prova nesse sentido quando disse: "Uma das coisas que me impressionou quando vim trabalhar na Armstrong foi uma palestra séria sobre ética empresarial, pronunciada por Bill Adams em um programa de orientação. Ele deixou claro o que era e não era aceitável nesta empresa." O próprio Adams atribui grande importância a essas sessões.

> Uma de minhas principais funções é promover os valores e a cultura da empresa. Preocupa-me muito fazer com que novos empregados compreendam essas coisas. Acho que é importante que seja eu quem fale sobre princípios orientadores, e não representantes dos departamentos jurídico e do pessoal.
>
> Pessoas me procuraram apenas dois dias depois de terem vindo trabalhar conosco e me falaram a respeito do alívio que sentiram por terem ouvido que este é realmente o tipo de empresa que achavam que seria. Essas pessoas se consideravam ingênuas e vulneráveis e acham muito tranqüilizador quando o presidente lhes confirma que esta empresa é séria e que quer fazer o que é correto.

Acreditamos firmemente que o fator mais importante que contribuiu para o progresso de nossa Companhia tem sido a estrita observância de princípios nobres — princípios estabelecidos pelo nosso fundador, observados e expandidos pelas sucessivas administrações.

PRINCÍPIOS

1. Respeitar a dignidade e os direitos inerentes aos seres humanos, em todos os negócios com eles.

2. Manter altos padrões morais e éticos e demonstrar honestidade, integridade, confiabilidade e retidão em todos os nossos relacionamentos.

3. Personificar os dogmas de bom gosto e cortesia em todas as atitudes, palavras e atos.

4. Servir lealmente e com o devido equilíbrio aos interesses de todos os grupos associados à empresa — clientes, acionistas, empregados, fornecedores, vizinhos na comunidade, governo e público em geral.

Ilustração 4-1 Princípios operacionais da Armstrong Industries

Outros altos executivos da Armstrong também trabalham ativamente para ensinar esse tom aos seus novos subordinados.

Histórias inspiradoras

As coletâneas de fatos e tradições da Armstrong estão cheias de histórias sobre como Tom Armstrong e seus sucessores se preocuparam com práticas empresariais honestas. Uma velha lenda conta a história de um vendedor que se gabava de ter vendido, ao preço de 40 centavos a grosa, um grande lote de rolhas de tamanho incomum, até então quase encalhadas. Tom Armstrong, que sabia que o preço certo era de apenas 30 centavos, obrigou o vendedor a voltar ao comprador, e dizer que um erro fora cometido no preço, por isto as rolhas seriam faturadas a 30 centavos.[2] Oitenta anos depois, esse episódio lendário ganhou extraordinárias dimensões quando a Armstrong chegou à conclusão de que estava tendo lucro demais em um subcontrato com uma empresa fabricante de aviões durante a II Guerra Mundial. Segundo a história, um cheque de devolução de 500.000 dólares foi enviado em um mês e outro no mês seguinte ao espantado cliente.[3]

Desde as lendas de Tom Armstrong e dos antigos chefes da empresa até relatos de ocorrências recentes e contemporâneas, essas histórias dão aos gerentes da empresa meios poderosos para definir e estimular a conduta ética. Não foi raro no curso das entrevistas que realizamos como preparação deste estudo que gerentes ilustrassem com histórias seus comentários sobre os padrões éticos observados. A seguinte narrativa de um gerente graduado foi típica neste particular:

> Quando Ralph Williams, um inspetor de qualidade de Lancaster, descobriu que um dos carpetes vendidos por uma companhia recentemente adquirida era inflamável, insistiu para que fosse retirado de venda e que todos aqueles já instalados fossem substituídos, sem despesas para o comprador. Os gerentes operacionais ficaram estarrecidos com essa diretriz e praticamente deixaram de falar com ele. Ao visitar na vez seguinte a fábrica de carpete, Joe Jones (presidente da Armstrong de 1983 a 1987) convocou uma reunião da alta direção local e disse: "Ouvi falar do que Ralph Williams fez. Se alguém aqui não concorda com esse tipo de ação, provavelmente chegou a hora de pedir demissão."

Essa única história equivale a volumes sobre a seriedade com que a alta administração da Armstrong encara a conduta ética.

A forte tradição familiar existente na Armstrong presta-se bem à criação e divulgação de histórias. Nesse ambiente, gerentes estão conscientes dos exemplos que têm que dar e são hábeis em preservá-los por seu valor instrutivo e inspirador.

Dando bons exemplos

Entretanto, discursos e histórias não resistiriam ao tempo, se medidas de reforço não fossem tomadas. Em poucos assuntos os aforismos "atos falam mais alto do que palavras" e "pratique o que prega" aplicam-se mais apropriadamente do que na ética empresarial. A credibilidade das intenções éticas da alta administração repousa solidamente na maneira como ela se comporta e, do ponto de vista dos empregados, como os trata.

Os altos administradores da Armstrong estão bem consciente dessa ligação e reconhecem abertamente sua função como modelos de papel a imitar. As impressões que possam dar a respeito de padrões éticos constituem considerações importantes quando resolvem agir de alguma maneira. São evidentes na empresa o esforço que fazem para demonstrar respeito pelos empregados e para dar bons exemplos. Empregados de todos os níveis por nós entrevistados mencionaram ações que os afetaram pessoalmente e outras que os ajudaram a se sentir bem com a companhia e confiar na palavra da administração. As observações de Linda Baldwin, processadora de texto no Departamento de Assuntos dos Consumidores, dá-nos alguma idéia de como ela acha que a alta administração aplica os altos princípios operacionais da Armstrong em níveis mais baixos na empresa.

> Este é um bom lugar onde trabalhar, especialmente porque sou negra. Adoro meu emprego. Uma das razões é que eles confiam em nós.
>
> Freqüentemente, temos que tratar com consumidores que estão furiosos e transtornados. Nosso departamento realiza um bocado de reuniões de pessoal para nos instruir sobre como devemos nos comportar. Nosso vice-presidente chega ao ponto de atender a telefonemas de consumidores. Isso me deixou maluca. Acho que tem alguma coisa a ver com o que o sr. Armstrong disse em um videotape a que assistimos recentemente: "Não queremos apenas que nossos clientes fiquem satisfeitos, queremos que eles se sintam deliciados."
>
> A companhia também tem sido boa para mim. Eu tive um bocado de problemas pessoais envolvendo divórcio e algumas outras coisas. Eu estava chegando a um ponto em que passei a acreditar que ninguém realmente se importava comigo. Foi quando alguém me aconselhou a entrar em um programa patrocinado pela companhia, através do qual um psicólogo podia conversar comigo. Uma vez que eu não tinha carro, ele vinha me ver no trabalho após as 17h. Tivemos uma série de sessões, até que comecei a me sentir melhor. Fiquei realmente impressionada com o interesse da companhia pelo meu caso.
>
> Pequenas coisas também parecem ter importância. Quando eu estava com problemas sobre a altura do meu teclado, alguém apareceu e fez o ajustamento. E quando comecei a me aborrecer com o barulho produzido pelas telefonistas, transferiram-me para um lugar silencioso, em frente a uma janela. Não é que eu esteja recebendo favores especiais ou que não tenha que trabalhar muito. É assim que eles nos tratam.

Este costume de dar bons exemplos é promovido de pelo menos duas formas pela Armstrong. A primeira é o próprio exemplo. A habilidade e seriedade com que os altos administradores servem como modelos de papel a imitar mostram claramente aos jovens administradores a prioridade dada à esta consideração. A outra é o treinamento, feito costumeiramente no curso das atividades normais. Na supervisão dos planos e decisões de seus subordinados, por exemplo, os altos administradores podem mencionar abertamente o possível impacto das ações recomendadas sobre o clima ético da empresa, de modo que todos os interessados possam aprender com a experiência.

Acesso

Juntamente com os vários métodos assertivos usados para esclarecer e promover os padrões éticos — as palestras para levantar o moral, as histórias inspiradoras e os modelos de papel a imitar —, os altos administradores da Armstrong estão bem cientes da necessidade de serem receptivos a empregados que talvez ainda estejam preocupados ou confusos com essas questões. A importância que Adams atribui a acessibilidade dos altos executivos é evidente em toda a empresa. Gerentes, em todos os níveis, encorajam subordinados a falar com franqueza sobre questões de retidão e integridade. A observação seguinte de uma jovem escriturária é representativa do efeito resultante: "Quando enfrentamos um problema ético, temos liberdade de conversar a este respeito com nosso chefe. E podemos também procurar muitas outras pessoas na companhia para esclarecer alguma dúvida. Isto realmente ajuda."

Allen Deaver, vice-presidente executivo, sumaria seu alto respeito pela ênfase dada pela Armstrong à conduta ética nas seguintes palavras: "Esta companhia adota valores que a gente quase pode ver e provar. Nós nos importamos com as pessoas. Podemos falar sempre com alguém na alta administração, quando alguma coisa nos incomoda ou interessa no trabalho. Não vivemos em compartimentos estanques."

Desestimulando a má conduta

A atenção dada pela Armstrong à necessidade de inspirar conduta ética tem uma contrapartida no esforço paralelo para desestimular a conduta antiética. Uma das maneiras usadas pela alta administração para atingir esse fim é evitar emitir sinais potencialmente enganosos sobre o que é comportamento aceitável. Igualmente importante é o esforço para descobrir e punir quaisquer infrações dos padrões éticos.

Evitando sinais errados sobre conduta ética

Projetar uma mensagem clara e inequívoca sobre conduta ética é um fator importante no pensamento da administração da empresa. Eugene Moore, gerente de relações públicas, deixa esse ponto claro com o exemplo seguinte:

Antigamente, era aceitável na Flórida dar contribuições políticas, mas ilegais em outros Estados. O gerente da fábrica na Flórida queria dar essas contribuições porque outras firmas na área assim procediam. A companhia resolveu negar o pedido, mesmo que fosse legal e ético, principalmente porque uma exceção à nossa proibição geral a contribuições políticas poderia enfraquecer essa política na opinião de nosso pessoal em outras localidades.

O problema das aparências duvidosas surge de várias maneiras e nem sempre é fácil de evitar. Um caso bem a propósito foi a preocupação de um alto executivo com a possibilidade de dar impressão errônea nas ocasiões em que fosse necessário passar tempo com funcionários graduados de grandes fornecedores em ambientes que tivessem a aparência de mordomia ou agrado especial. Em todos os casos possíveis, levava consigo empregados de nível inferior à cabana de caça ou ao clube de golfe do cliente, de modo que o conteúdo de negócios da visita pudesse ser confirmado por seu pessoal.

Avaliando desempenho e punindo infratores

A Armstrong mantém um sistema de controle que permite aos gerentes avaliar de várias maneiras o desempenho do pessoal. Um programa de garantia de qualidade dá visibilidade a dimensões adicionais do desempenho. No curso de seu trabalho, auditores internos permanecem alertas para questões éticas. Estes e outros meios são empregados em todos os níveis da empresa para detectar infrações cometidas por engano ou deliberadas.

A empresa deixa bem claro que infrações serão punidas. O cumprimento rigoroso é a regra nas razões reveladas nas descrições seguintes. Um gerente operacional graduado demitiu três despachantes quando soube que haviam aceito suborno para mudar a prioridade no carregamento de caminhões. Sua preocupação com a família desses indivíduos foi superada pela necessidade de manter a disciplina e dar um exemplo. Um dilema semelhante foi resolvido mais ou menos da mesma maneira por um executivo de marketing, quando soube que um de seus vendedores mais antigos estivera apresentando falsos relatórios de despesas. Explica ele: "Ele era um homem que não estivera dizendo a verdade e vinha roubando a companhia. Por outro lado, o volume de dinheiro não era grande coisa, ele trabalhara bem na empresa por 28 anos e eu conhecia a família dele. Para mim, o fator decisivo foi conduzir-me com lealdade para com os outros 23.000 empregados da empresa, que estavam trabalhando de acordo com as regras do jogo."

Adams reconhece que, para ele, as questões disciplinares mais difíceis ocorrem quando pessoas se comportam incorretamente para beneficiar a companhia, sem nenhum ganho pessoal direto. Mas, mesmo nesses casos, os implicados são punidos para eliminar qualquer dúvida que possa surgir a respeito da seriedade dos padrões éticos da empresa e para evitar quaisquer possíveis interpretações errôneas de que favores especiais estão sendo concedidos. Embora possa parecer insensibilidade a companhia punir um indivíduo cujos atos não foram abertamente interesseiros, para Adams é ainda mais errado pôr em risco a fé e a credibilidade no compromisso da administração superior com altos padrões éticos.

O processo de ética empresarial total em vigor na Armstrong World Industries caracteriza-se pelo envolvimento pessoal da alta administração em definir e estimular, por um lado, a conduta ética, e detectar e punir, por outro, a má conduta. Este enfoque direto funciona especialmente bem na área de Lancaster, onde os altos administradores vivem empenhados em reforçar os padrões éticos, e onde os Amish e outras comunidades rurais cultivam fortes tradições morais e ética profissional. O processo de ética na empresa, no entanto, parecia menos robusto em algumas unidades operacionais situadas distantes da sede. Esta observação destaca a necessidade da alta administração projetar e mesmo reproduzir sua liderança ética em unidades que se situam fora de seu alcance direto. Uma empresa que sabe como fazer isto bem é a Hewlett-Packard.

Hewlett-Packard

A Hewlett-Packard, famosa pelo estilo e eficácia de sua administração, oferece uma perspectiva algo diferente ao nosso exame da maneira como padrões éticos são reforçados e perpetuados nas empresas. Embora as listas de atividades encontradas na HP e na Armstrong sejam muito semelhantes em conteúdo, elas diferem muito no tocante à ênfase relativa que a alta administração atribui a elementos individuais. Em contraste com o método um tanto normativo da Armstrong, a HP, devido à necessidade de dirigir profissionais altamente qualificados num ambiente empresarial em constante mudança, tenta criar um clima que possa ser espontâneo e autodirigido e incentive os padrões éticos. Com este objetivo, a ênfase é posta na criação de um forte senso de integração, estimulando a iniciativa e a atenção do pessoal para os valores básicos da empresa. Neste caso, vamos examinar duas divisões operacionais situadas a cerca de 1.600km da origem da liderança ética, que se encontra na sede.

Fomentando o coleguismo

Não é preciso muito tempo para que o visitante descubra que o pessoal se sente bem trabalhando para a Divisão de Telecomunicações da Hewlett-Packard, no Colorado. Um veterano de 23 anos de empresa, responsável pela manutenção das instalações, diz o seguinte: "Se não tivesse que trabalhar, eu não estaria aqui. Mas, já que tenho que fazer isto, este é o melhor lugar onde posso estar. O pessoal aqui é maravilhoso. Podemos respeitá-los e eles nos respeitam. Isto é verdade, qualquer que seja o cargo que o indivíduo ocupe na companhia."

Na HP, a idéia de respeito mútuo aflora repetidamente e de várias maneiras. No caso de um administrador de tráfego, isto significa ter voz nos assuntos da companhia. "Você não é simplesmente outro número aqui; pelo contrário, é respeitado como um indivíduo que pode contribuir com alguma coisa. Existe aqui um reconhecimento de que pessoas comuns, não apenas os administradores, produzem coisas. Achamos que participamos na tomada de muitas decisões importantes." No caso de uma secretária, isto envolve a ausência dos orçamentos especiais e mordomias de uma elite favorecida: "O status era um fator muito importante nas demais companhias em que trabalhei. No andar executivo, as pessoas tinham mesas de mogno, o nome em placa de bronze, grossos carpetes e eram chamadas de 'Senhor Fulano'. Aqui, o gerente da divisão trabalha em um escritório aberto, no centro do salão, e todo mundo se trata pelo primeiro nome."

Esta atmosfera está enraizada no estilo administrativo da HP. A estratégia da companhia, de concorrer na base de novas contribuições técnicas e das preferências de seu fundador, reforça a tradição de trabalho de equipe. Com referência à importância desse trabalho, diz David Packard: "A única maneira desta companhia funcionar com sucesso é se pudermos garantir que há o máximo de fluxo de informações e cooperação entre todos os seus elementos componentes."[4]

Com o intuito de fomentar essa cooperação e o fluxo de informações vitais, a alta administração da HP encoraja ativamente uma atmosfera de trabalho aberta e igualitária. O uso do primeiro nome e a eliminação de mordomias é apenas uma das muitas maneiras como isto é feito. Os empregados mencionam também piqueniques, a ocasional chopada para comemorar bom desempenho e as áreas de terra virgem da companhia — onde o pessoal pode passar férias em cabanas construídas por colegas, com materiais gratuitamente fornecidos — como maneiras através das quais a HP os estimula a se conhecerem melhor.

Um costume notável que incentiva a interação dos empregados é o oferecimento, pela manhã, de roscas e frutas frescas gratuitas. Sue Skiffington-Blumberg, gerente de comunicações de marketing, descreve esse costume — e o que ele significa para ela — nas seguintes palavras: "Quando a HP ainda era uma firma nova, as esposas dos fundadores costumavam trazer biscoitos e roscas, todos os dias, para o pessoal da oficina. Com o tempo, esse gesto atencioso tornou-se um costume, e a HP fornece todas as manhãs, em toda a empresa, roscas e frutas frescas. Há muitos anos, em épocas difíceis, a companhia passou a fazer isso apenas nas quartas-feiras, provavelmente mais para mostrar a necessidade de consciência de custo do que para economizar dinheiro. Esse corte constituiu um fato muito importante para numerosos empregados. Esta semana, a companhia restabeleceu a distribuição diária de roscas e frutas gratuitas e o moral subiu de forma inteiramente desproporcional ao valor monetário do benefício. Acho que a razão desse impacto favorável foi o valor simbólico das roscas e das frutas. Elas parecem transmitir uma mensagem: 'Nós ainda nos importamos com vocês.'"

Essa ênfase em coleguismo e trabalho de equipe pode contribuir de várias maneiras para a formação de um clima ético. Em primeiro lugar, as maiores reponsabilidades que o método de equipe cria para as pessoas lhes dá também um senso mais agudo de integração e controle. Ao ser tratada de maneira afetuosa e respeitosa, a maioria das pessoas é estimulada a tratar os demais nessa mesma base. Em segundo, os estreitos laços que o indivíduo desenvolve com os colegas pode acrescentar uma poderosa motivação para que se comportem de maneiras que provavelmente serão objeto de admiração, evitando aquelas que poderiam causar vergonha. Em terceiro, equipes fornecem um ambiente favorável para combater o problema da mudez moral discutido no Capítulo 2. Nos casos em que se desenvolvem relacionamentos estreitos e agradáveis, as pessoas se sentem mais inclinadas a falar em questões éticas delicadas e a pensar em como solucioná-las. E em quarto, a orientação para a tarefa, da maioria das equipes, permite que seus membros ultrapassem manifestações abstratas de idéias morais e se decidam sobre o que constitui conduta eticamente correta em situações específicas, concretas. Para que isto surta pleno efeito, porém, os empregados precisam entender bem os valores e padrões que devem motivar a conduta. Os altos executivos da HP esforçam-se para esclarecer e reforçar, de uma grande variedade de formas, os valores da empresa.

Programas de treinamento e exame de consciência

Os valores éticos da Hewlett-Packard são definidos e promovidos em uma grande variedade de programas de treinamento patrocinados pela empresa. Todos os novos empregados, por exemplo, passam por um programa de um dia de duração intitulado "Trabalhando na HP", no qual são informados sobre os valores da empresa e suas políticas e práticas. Em anos recentes, a HP patrocinou uma série de seminários sobre administração, culminando com um que tratava de liderança e valores, baseado em entrevistas com gerentes respeitados por seus méritos em todas as partes da empresa. Realçar a relação entre valores empresariais e carreiras vitoriosas na HP contribui indubitavelmente para frisar a relevância e importância do programa aos olhos de gerentes desejosos de fazer carreira.

O tipo de impacto que essas lições podem produzir na prática é bem exemplificado pela maneira como Alan B. Steiner, gerente-geral da Divisão de Telecomunicações, do Colorado, combinou o programa de liderança com um esforço especial para rejuvenescer e redirecionar sua unidade. Ele explica:

> Estamos atualmente tentando redigir uma declaração de missão e uma visão do que gostaríamos que fosse esta divisão. Esta visão deve abranger o lugar da divisão em nossa indústria, o ambiente interno que gostaríamos de ter, tanto físico quanto emocional, como o empregado ideal se sentiria e se comportaria e como os chefes de serviço e gerentes ideais se sentiriam e se comportariam. Se conversarmos o suficiente sobre a visão, ela se tornará obrigatória para a empresa. Compreender nossos valores é necessário para tornar operacional esta visão.
>
> A tarefa que enfrentamos é tornar operacionais esses valores. Quando mencionamos confiança mútua, o que é que isso significa? Como é que me comportarei? Como você se comportará? O que será diferente em nossa maneira de nos comportarmos? É esse tipo de pensamento que teremos que cultivar, se quisermos operacionalizar tais valores.

Gerentes graduados foram inicialmente solicitados a identificar os valores mais importantes da divisão. Subseqüentemente, níveis inferiores de administração foram consultados sobre a modificação desses valores para atender às suas próprias necessidades. A razão desse método foi obter compromisso em toda a empresa. O pessoal dos níveis anteriores sabia desse trabalho e teve em geral reações muito positivas a ele. Uma jovem do quadro de pessoal disse ter visto a lista de valores de seu chefe, bem como a lista do chefe de seu chefe, e assim por diante, até a do gerente-geral da divisão. Lembrou-se de que "honestidade" e "confiança recíproca" figuravam no alto de todas as listas. Quando perguntada se essas discussões de valores lhe pareciam importantes ou retóricas, ela as julgou inequivocamente como reais e sinceras.

Os valores que Steiner e seus gerentes de divisão listavam e examinavam refletiam valores que saturavam todos os aspectos da estratégia, estilo e desempenho da HP desde os dias em que William R. Hewlett e David Packard fundaram a empresa em 1939, fabricando instrumentos eletrônicos em uma garagem. Esses valores e sua observância nos assuntos da empresa são conhecidos como *O Estilo HP*. Há alguns anos, Hewlett descreveu o Estilo HP nas palavras seguintes:

> Acho que, em termos gerais, ele é o conjunto de políticas e atos que fluem da crença em que homens e mulheres querem fazer um bom trabalho, um trabalho criativo, e que se lhes for fornecido o ambiente apropriado, eles assim o farão. É a tradição de tratar a todos com consideração e respeito e reconhecer a realização pessoal... A dignidade e o valor do indivíduo, portanto, são partes muito importantes do Estilo HP.

O respeito pelos empregados e um famoso estilo participativo da administração, que alimentam a liberdade e a iniciativa individual, ao mesmo tempo que enfatizam finalidade comum e trabalho de equipe, não são apenas características do estilo operacional da HP, mas também peças fundamentais para o contexto ético da empresa.

Intervenções de cima para baixo

Embora a força para modelar a conduta ética da HP esteja largamente disseminada pela empresa, como resultado da ênfase colocada em participação, a alta administração continua a exercer papel importante neste particular, através de suas intervenções nas operações. Em alguns casos, os atos da administração relacionam-se com a manutenção de valores básicos. A formal Declaração de Objetivos Empresariais, por exemplo, deixa clara a importância que a HP atribui à satisfação do cliente.

Nosso objetivo fundamental é formar um relacionamento positivo, de longo prazo, com nossos clientes. Um relacionamento caracterizado por respeito mútuo, por cortesia e honestidade, por reação atenciosa e eficaz às necessidades e interesses do cliente, e por um forte compromisso de fornecer produtos e serviços da mais alta qualidade.

Os empregados da Divisão de Telecomunicações do Colorado conheciam bem e apoiavam esse objetivo. Ainda assim, a resposta às necessidades e interesses dos clientes era desigual, até que gerentes graduados da linha divisionária instituíram a Reunião do Alvorecer. De acordo com o procedimento resultante, cerca de duas dezenas de gerentes das áreas manufatureira, técnica e de pessoal se reúnem todas as manhãs de segunda-feira, às 8h, para passar em revista as queixas de clientes, recebidas na semana anterior. A responsabilidade específica para resolver cada problema é atribuída a um dos participantes. Graças a essa intervenção simples e poderosa, a alta administração não só acrescenta um mecanismo eficaz para tratar dos problemas dos clientes mas também reforça, na mente de todos, a importância do respeito, da cortesia e da integridade como valores básicos.

Mesmo quando intervenções do alto são feitas por motivos operacionais, provavelmente surgem questões éticas que merecem atenção na HP. O trabalho para mudar os relacionamentos dos vendedores oferece um bom exemplo a este respeito. Como acontece com muitas empresas industriais nos Estados Unidos, as Divisões de Telecomunicações do Colorado (CTD) e do Colorado Springs (CSD) abandonaram o costume de comprar em fontes diferentes e, em vez disso, estabeleceram um estreito relacionamento com um ou dois fornecedores com relação a certos itens. A pressão crescente por melhor qualidade e custos mais baixos estimulou as várias medidas tomadas para aprimorar a capacidade dos fornecedores selecionados para atender às necessidades particulares da HP.

Em 1988, as gerências de ambas as divisões examinaram os critérios de seleção de fornecedores e a natureza do novo relacionamento resultante. Andy Ouderkirk, gerente de manufatura da CTD, salientou a necessidade de avaliar a compatibilidade a longo prazo e o ajustamento entre a capacidade potencial e compromisso do fornecedor e as futuras necessidades da HP. Hector Arrambulo, gerente de materiais da CSD, descreveu o método que sua unidade desenvolveu para fazer essa avaliação vital de compatibilidade a longo prazo: "Todos os fornecedores são agora avaliados no tocante à tecnologia, qualidade, receptividade, entrega e custo. Tentamos também avaliar a qualidade de sua administração e situação econômica da empresa em questão."

Esta avaliação se antecipa ao aumento de intimidade entre as partes envolvidas — "a gente ir para a cama com os fornecedores", como a descreveu um comprador. Os compradores e engenheiros de materiais da HP, por exemplo, estão passando mais tempo nas fábricas dos fornecedores para avaliar desempenho e ajudá-los a melhorar as operações de manufatura. Sessões de revisão de fornecedores assumem também uma importância maior à medida que funcionários graduados da HP e da firma fornecedora avaliam conjuntamente desempenho e planejam em detalhes futuras especificações.

Várias preocupações éticas foram mencionadas na HP em conexão com o aumento de exposição ao exame e dependência que os fornecedores teriam no novo relacionamento. Ou como observou um comprador: "Teremos que ser mais cuidadosos do que nunca ao passar informações de um fornecedor para outro para não criar expectativas irrealistas em termos de futuras compras. Nos casos em que há mudanças programadas, temos que ajudá-los a se adaptarem. Não podemos simplesmente abusar dessas pessoas porque elas dependem de nós." Essa preocupação com tratamento justo leva também em conta os interesses da HP. Vários compradores falaram no aumento de dificuldade que experimentam para determinar o verdadeiro preço de mercado e o problema de conseguir que os fornecedores transfiram uma boa parte das economias que resultam de melhoramentos na manufatura e programação.

Evidentemente, continua a haver problemas enquanto as duas divisões desenvolvem os novos relacionamentos com os fornecedores. O que faz o trabalho da HP se distinguir do trabalho de muitas outras empresas é a sensibilidade ética demonstrada na solução desses problemas. Esta sensibilidade, que reflete os valores fundamentais da HP, foi bem captada no seguinte comentário, feito por um dos compradores: "Cuidar dos interesses do fornecedor faz parte do meu trabalho, da mesma forma que cuidar dos interesses da HP. 'Imparcialidade' é a palavra-chave neste relacionamento."

Conseqüências indesejáveis imprevistas

Medidas tomadas para fortalecer padrões éticos podem, algumas vezes, produzir conseqüências inesperadas e indesejáveis. A Hewlett-Packard enfrentou um dilema desse tipo numa tentativa de aumentar a segurança no emprego. Para muitos empregados, a preocupação da empresa com a segurança no emprego constituía a prova mais forte do respeito da administração por eles. Como no caso da Lincoln Electric, a segurança no emprego é a pedra fundamental da estrutura formal de política da empresa. Ainda assim, em um ramo de negócios tão dinâmico quanto a eletrônica, onde a incerteza é inevitável, atingir essa meta requer grande cuidado e esforço da administração.

Quando o quadro de pessoal tem que ser reduzido, a HP faz um esforço especial para minorar os efeitos sobre os empregados. Recentemente, quando foi tomada a decisão de fechar a fábrica de placas de PC na Divisão Colorado Springs, por exemplo, a empresa ofereceu aos 100 empregados implicados a oportunidade de transferir-se para outra fábrica de placas da companhia em Loveland, Colorado (cidade a uns 200km de Colorado Springs), Boise, Idaho e Califórnia, ou lhes arranjar outro emprego na divisão. A transição estava programada para ocorrer dentro de um ano. Um gerente de pessoal descreveu nos seguintes termos uma redução mais grave da força de trabalho da divisão, ocorrida alguns anos antes: "Quando a necessidade de reestruturar e enxugar a divisão foi finalmente reconhecida, a administração trabalhou com afinco para tratar com atenção e compaixão os empregados. Foram dados incentivos a desligamento voluntário e, nos casos possíveis, transferiu-se pessoal para outras unidades. No caso de empregados que acabaram com cargos de remuneração mais baixa, os salários foram reduzidos gradualmente em um período de transição. Nossa força de trabalho caiu de 2.700 para 2.200, mas ninguém foi mandado embora contra a vontade." Um gerente de compras que trabalhara para várias outras empresas observou, neste particular, que "a HP tende a sofrer dores lancinantes quando enfrenta problemas de relocalização de pessoal".

Acelerando-se o ritmo de mudança na tecnologia e na concorrência, a alta administração aumentou o emprego do sistema de contratação temporária, a fim de evitar as perturbações que as crescentes flutuações na carga de trabalho ocasionariam no pessoal. Embora a preocupação da HP com a segurança do emprego fosse questão de orgulho em toda a companhia, esse sistema de contratação incomodou alguns empregados. Um gerente técnico de nível médio levantou a questão do tratamento justo: "Os empregados temporários foram excluídos recentemente de festas da companhia, por causa de problemas jurídicos potenciais. Aparentemente, se forem incluídos em todas as nossas funções sociais, o status temporário dos mesmos poderá ser contestado na Justiça. Posso entender isso, mas a medida é contrária à nossa atitude geral de bom tratamento e eqüidade. Como é que eu posso trabalhar lado a lado durante meses com uma pessoa e depois lhe dizer que ela não será bem recebida em nossas festas? Isto não está certo." Evidentemente, alguns dos valores mais cultivados pela HP entraram em conflito com esse costume.

Da maneira interpretada pelo gerente em causa, garantir a segurança do emprego para os empregados permanentes era elogiável, porém sem criar uma ordem de segunda classe, a de empregados temporários. Altos administradores precisam estar alertas para esse gênero de conseqüências negativas indesejáveis. A incapacidade de lidar com incoerências e contradições dessa natureza pode ser dispendiosa em termos de dano à confiança do pessoal na integridade da administração.[5]

Aproveitando outras atividades empresariais

Embora os altos administradores nas firmas estudadas se mostrassem geralmente exaustivos em seus esforços para reforçar os padrões éticos, em certo número de casos ignoraram oportunidades importantes. Quase tudo que acontece numa empresa pode influenciar, de uma ou de outra maneira, o clima ético. Conforme foi observado no Capítulo 2 com relação à sensibilidade ética, algumas atividades, como os programas de qualidade, são muito férteis em suas ligações claras e potenciais com a conduta ética. A decisão da alta cúpula de fornecer produtos e serviços de alta qualidade, por exemplo, encerra implicações éticas óbvias para as relações da firma com os clientes. Os programas de administração de qualidade total podem afetar também a maneira como empregados são tratados e como eles se tratam mutuamente. Esta importante conseqüência é evidente na seguinte observação de um chefe de serviços sob encomenda:

> Nos últimos anos, acho que a atmosfera tornou-se mais aberta e acho que isso foi resultado do programa de qualidade. Deu-se ênfase à comunicação dos gerentes com o pessoal que realiza efetivamente o trabalho. Antes, pensávamos que nossa opinião não tinha valor. Isto não é mais verdade. O resultado é que sentimos um maior senso de conforto e segurança no emprego.

Um jovem gerente de pesquisa notou que os empregados se tratavam mutuamente de forma mais positiva, como resultado da atenção da alta administração à qualidade.

> O programa de qualidade afetou também nossa forma de pensar, uma vez que trabalhamos juntos de uma nova maneira. No passado, operávamos como se constituíssemos um sistema de castas, em que profissionais liberais e empregados comuns não se misturavam. Agora, para resolver problemas específicos formamos equipes, que são constituídas de todos os tipos de

pessoas. Como resultado desse trabalho em conjunto, agora nós nos veremos mais como iguais e somos mais simpáticos aos problemas dos colegas.

Todas essas companhias poderiam ter usado seus programas de qualidade com muito maior efeito para reforçar a conduta ética, se a administração tivesse sido mais sensível às relações potenciais entre os dois processos. Uma idéia acerca dessas possibilidade revelou-se evidente na Corning, onde um programa de qualidade iniciado em 1983 tornou-se geralmente conhecido como um "fenômeno de mudança de cultura". De acordo com David Luther, vice-presidente graduado e diretor de qualidade: "Em nossa opinião, a preocupação com a qualidade aplica-se não só ao chão da fábrica mas também à conduta em toda a companhia. Diz respeito a todos os aspectos de como trabalhamos juntos em base diária e ao longo do tempo." Um exemplo de como a Corning enfrentou essa preocupação com as relações de trabalho é uma prática motivada pelo programa de qualidade, segundo a qual administradores de nível mais alto comunicam-se regularmente com pessoal dos níveis mais baixos da empresa, com vistas a "detectar problemas potenciais, relações tensas e necessidade de liderança mais efetiva". Atividades dessa natureza podem proporcionar um reforço valioso ao programa de ética.

O problema é que grande parte desse potencial é freqüentemente ignorado pelos indivíduos encarregados de gerar o compromisso da empresa com a ética. Poucas companhias exploram completamente as ligações óbvias entre programas de qualidade e ética. No que não é de surpreender, oportunidades menos óbvias costumam ser inteiramente ignoradas. Uma decisão recente da Texas Instruments (TI) de mudar o sistema — de fechamento mensal do orçamento para uma base trimestral — fornece um bom exemplo de uma iniciativa importante em que as conseqüências éticas foram inesperadas e chegaram a passar despercebidas quando ocorreram.

O orçamento da TI era altamente detalhado, com seus 200 a 750 itens de linha de produção. A revisão orçamentária compreendia em geral três elementos distintos: 1) comparação dos resultados concretos com os números projetados; 2) análise das diferenças; e 3) uma nova previsão orçamentária. Marvin Lane, vice-presidente e controlador financeiro da empresa, explica nas palavras seguintes a principal razão da mudança na rotina, a partir de 1988: "Um volume excessivo de tempo e trabalho administrativo estava sendo dedicado à avaliação do desempenho mensal. Resolvemos seguir as pegadas da Dow Chemical e da General Electric e mudar para uma revisão trimestral detalhada." Houve reconhecimento geral de que o tempo extra liberado foi benéfico para a produtividade operacional.

A mudança no método de revisão orçamentária produziu aparentemente pelo menos duas conseqüências favoráveis no que interessava à ética. Ao eliminar a necessidade de atingir alvos prescritos de vendas e entregas todos os meses, a administração removeu parte das pressões que poderiam motivar conduta antiética de parte do pessoal de venda e produção. Um gerente de manufatura, que trabalha na TI há mais de 20 anos, explica essas pressões e suas conseqüências na fabricação de semicondutores.

> Com a necessidade mensal de atingir as previsões, a pressão sempre aumentava no fim do mês. Isto implicava exigir mais do pessoal e recorrer a horas extras. Até certo ponto, pode ter havido alguns deslizes na qualidade do produto, mas eles foram pequenos, nunca graves.
>
> O verdadeiro problema, em minha opinião, era a mensagem que estávamos transmitindo aos operários. Quando aumentávamos a pressão para entregar o produto, eles pensavam que a gerência não estava realmente preocupada com a necessidade de qualidade. No final do mês, sempre podíamos ouvir alguém resmungando: "Como é que durante o mês inteiro a gente só fala em qualidade e, no fim do mês, tudo o que ouvimos é cumprir a quota de produto?" A visível contradição sem dúvida levava os trabalhadores a perder confiança na sinceridade de seus chefes e gerentes. O fato da qualidade nunca ter sido seriamente prejudicada perdia-se na agitação de atingir a quota mensal.

Esta avaliação discernente mostra como a campanha mensal para atingir alvos pode solapar o clima de confiança, tão importante para a conduta ética. O fato de padrões de qualidade serem mantidos redunda em crédito para gerentes e chefes de seção nesse departamento, embora a repetida necessidade de evitar fracassos quase imponha uma forte tensão a essas pessoas — tensão que foi considerada uma questão ética por pelo menos um dos gerentes interessados: "Fico preocupado em pôr o pessoal dentro de uma panela de pressão ao fim de todos os meses. De que maneira isso os afeta? Até mesmo as horas extras me incomodam, uma vez que mantém esses homens e mulheres longe de suas famílias." Na nova programação de revisão orçamentária, é provável que essas pressões ainda surjam no final de cada trimestre. Não obstante, o prolongamento do período de trabalho normal entre a "panela de pressão", de aproximadamente 25 dias, e a revisão mensal, para 80 ou 85 dias com a revisão trimestral, não só reduz significativamente o número de vezes em que a unidade e a confiança são postas sob tensão, mas dá à empresa mais do que o triplo de tempo de recuperação.

A segunda conseqüência favorável da revisão sobre o clima ético na TI tem a ver com o relacionamento entre os níveis médio e superior da administração. Ao aliviar o processo de supervisão, os altos administradores demonstram maior confiança e crédito em seus subordinados. Alguns dos benefícios ocasionados por essa manifestação de respeito é revelada na seguinte observação do gerente-geral de uma divisão: "Não deixa de ser no mínimo curioso, mas sinto-me mais compelido do que antes a atingir os alvos. Depois que ele me deu esta liberdade extra de agir, não quero decepcionar meu chefe. Acho que nossa satisfação com os benefícios da mudança aparecerão com o tempo, sem que ninguém note. Só existe uma maneira deles se tornarem imediatamente visíveis — se a administração abandonasse o sistema trimestral e voltasse ao mensal. O pessoal, neste caso, sentiria a falta da confiança." Aumentar a confiança reforça o respeito mútuo e produz um efeito positivo tanto sobre a conduta ética quanto sobre a empresarial.

Mas a mudança no sistema também resultou em certas deficiências. Um executivo graduado de linha, que defendia a mudança, observou: "Costumávamos passar tempo demais revisando orçamentos e agora temos algum tempo livre para outros trabalhos. No lado negativo, perdemos um pouco da reação rápida aos problemas. Perdemos também a linearidade mensal de nossa produção." Algumas divisões e departamentos prosseguem com a revisão mensal de suas unidades. Um deles considerava a prática como uma oportunidade para que seus gerentes se ajudassem mutuamente na identificação e solução de problemas.

Neste caso, o efeito líquido da mudança do processo orçamentário sobre a conduta ética parece ter sido claramente positivo, mesmo que a alta administração não se aperceba bem das ligações. Em outros casos, o saldo talvez não seja favorável, sem esforços deliberados para que isto aconteça. Em termos gerais, grande parte do benefício potencial que poderia ser obtido na administração de um grande esforço organizacional — como o de reforçar a situação ética da firma — seria perdida, se os altos executivos não fossem sensíveis às possibilidades e, conseqüentemente, não conseguissem explorar a oportunidade.

Serviços à comunidade: General Mills

As políticas e práticas através das quais as empresas deste estudo reforçam a conduta ética são semelhantes em conteúdo, ainda que nem sempre em ênfase. Há, contudo, algumas atividades excepcionais, tais como as da participação ativa da General Mills em serviços à comunidade.

Conquanto numerosas pessoas aplaudissem as realizações da empresa em serviços à comunidade, outras questionariam o investimento de recursos para esse fim. Haveria mesmo algumas que chegariam a questionar a ligação entre serviços à comunidade e a ética da empresa. A resposta de H.B. Atwater Jr., presidente do Conselho e executivo-chefe da General Mills, a essa objeção é que ele e sua diretoria consideram as comunidades onde a companhia opera, e a sociedade em geral, como um dos quatro públicos a que tem a obrigação de servir — juntamente com clientes, empregados e acionistas — para ter sucesso a longo prazo. Ele sustenta que a cidadania empresarial implica não só auto-interesse, mas também imperativo moral.

> Nos termos da lei, as pessoas jurídicas são cidadãs dos Estados Unidos, com os deveres e direitos garantidos à cidadania. Se acreditamos que nenhum de nós pode prosperar numa sociedade insalubre, segue-se que todo cidadão, pessoa física ou jurídica, deve contribuir para o melhoramento da sociedade. A longo prazo, esta é uma proposição de auto-interesse e inteiramente compatível com nosso dever para com os acionistas.[6]

O ambiente comunitário em que trabalham Atwater e a maioria dos altos executivos da firma ajuda a explicar a ênfase da companhia com relação à preocupação ética.

> A manutenção da sede da empresa na comunidade empresarial de Minneápolis-St.Paul conservou a General Mills em um ambiente que tem estimulado invariavelmente a responsabilidade com a sociedade, o apoio às artes, à educação, aos serviços sociais e as atitudes esclarecidas no tocante a práticas competitivas e relações com os empregados. Atividades vigorosas dos executivos que dirigem as principais companhias estabelecidas na área resultaram em empresas que concorrem entre si no apoio a atividades comunitárias. Os altos funcionários de muitas das principais companhias trabalham juntos em diretorias de organizações sem finalidades lucrativas e se estimulam, quando não competem entre si, por níveis mais altos de participação nos assuntos da comunidade.[7]

Para a General Mills, as duas principais formas de envolvimento são a filantropia empresarial (ou concessão de donativos) e a apresentação espontânea de seus empregados para ajudar em obras meritórias. No que diz respeito a dádivas e donativos, a companhia, atuando diretamente ou através de uma fundação que conta com um quadro de profissionais, concentra-se principalmente em educação e obras de bem-estar social e, em menor extensão, nas artes. (Em 1992, a General Mills doou o equivalente a 3% de sua renda antes dos impostos, quase 16 milhões de dólares, a obras de caridade.)

O oferecimento de trabalho espontâneo feitos pelos empregados não é simplesmente estimulado: tornou-se virtualmente uma norma. A explicação de Atwater sobre como e por que isso aconteceu — retirada de suas observações ao aceitar, em nome da General Mills, o Prêmio George S. Dively, da Universidade Harvard, por liderança em iniciativas empresariais de interesse público — constitui um modelo bem instrutivo de como altos executivos podem intensificar a sensibilidade e compromisso de suas empresas em uma área especial de consideração ética.

> Na General Mills, acreditamos que nada de valioso pode ser obtido sem compromisso pessoal... Para ser eficaz, o compromisso deve ser compartilhado por toda a companhia...
>
> A fim de envolver nossos diretores na cidadania empresarial e demonstrar-lhes o compromisso, temos na diretoria uma Comissão de Responsabilidade Pública, constituída de diretores externos. Regularmente a administração da empresa submete relatórios a essa comissão a respeito de suas políticas e programas de cidadania empresarial.
>
> Um elemento essencial para atingir os objetivos da cidadania empresarial é a integração dentro e através de toda a companhia. Esta explicação pode parecer óbvia, mas, tradicionalmente, grande parte da indústria americana achou conveniente delegar esses assuntos aos departamentos de Relações Públicas ou Assuntos Comunitários. A implicação neste caso é inequívoca. "Entregue esses assuntos ao pessoal da casa e vamos voltar ao trabalho de gerir a companhia."
>
> Com toda a franqueza, foi assim que a General Mills operou durante muitos anos — a maioria de nossos principais administradores não se envolvia nas obras sociais externas da empresa. Não tendo responsabilidade, eles, por isso mesmo, só demonstravam um limitado interesse pelo assunto.
>
> Em nosso trabalho para mudar essa postura mental, começamos com uma revisão do conjunto de objetivos que cada executivo submete à diretoria no início do ano fiscal. Esses objetivos são os parâmetros que medirão realização para fins de incentivos em dinheiro. Durante todos estes anos, havíamos pedido que nos fornecessem objetivos específicos em três grandes áreas:
>
> - Desempenho financeiro corrente
> - Estratégia de longo prazo
> - Desenvolvimento da mão-de-obra
>
> Atualmente, incluímos uma quarta seção, intitulada "Participação Externa". Todos os executivos devem agora listar objetivos para sua atividade cívica e comunitária pessoal — e saber que consideramos essa atividade como parte importante de seu trabalho.[8]

Ao vincular o trabalho comunitário ao desempenho e remuneração, a administração associa, de maneira inequívoca, auto-interesse pessoal à cidadania na comunidade. A fim de facilitar a participação do empregado na educação, saúde, apoio à família e em outras áreas de necessidades da comunidade, uma unidade do Departamento de Assuntos Públicos compila e emparelha necessidades conhecidas de organizações de beneficência com os interesses e talentos do pessoal da General Mills.

A empresa combina a concessão de donativos e a participação dos empregados em um conceito pioneiro de investimentos de beneficência.A idéia é financiar programas nos casos em que, com administração vigorosa, a empresa possa recuperar o investimento em tempo oportuno, dando-lhe recursos para investir somas que excedam sua capacidade normal de conceder donativos. Atwater descreveu esse conceito ao referir-se ao programa inicial.

> ... A fim de orientar e preservar nosso investimento, esperamos uma participação ativa de nossos gerentes de linha. Em certo sentido, nossa contribuição representa o interesse inerente ao nosso investimento e ao tempo de nossos gerentes, juntamente com o substancial risco de, talvez, não termos o capital de volta.
>
> Essa idéia nos ocorreu em princípios da década de 70, quando um grupo de líderes empresariais negou um empréstimo para a reforma de uma grande área residencial próxima do centro de Minneapolis. Resolvemos fazer isso sozinhos, não só porque o bairro em questão era fundamental para a estabilização do centro da cidade, mas também porque estávamos convencidos de que poderíamos fazer o trabalho usando os mesmos talentos e disciplinas que nos serviam bem no setor lucrativo.
>
> Em um período de vários anos, investimos cerca de 8 milhões de dólares no bairro de Stevens Court. Esta importância é provavelmente 100 vezes maior do que teria sido uma doação típica. Acabamos ficando donos de 26 prédios de apartamentos e mais de 700 unidades residenciais. Durante a obra, enfrentamos oposição e hostilidade do trabalho organizado, da Prefeitura, de grupos minoritários e de alguns moradores do próprio bairro.
>
> Após um ano de participação nesse trabalho, vendemos Stevens Court a proprietários privados, mas não antes do bairro ser estabilizado. Basicamente, equilibramos despesa com receita e consideramos que na ocasião e — agora — o projeto foi um sucesso. Fizemos algo importante para resolver um problema que em nenhuma circunstância poderia ter sido solucionado pela filantropia convencional.[9]

A experiência de Stevens Court motivou a administração a procurar outro projeto que se pagasse por si mesmo e que pudesse beneficiar a comunidade. Três grupos-tarefa passaram mais de um ano avaliando mais de 65 projetos, incluindo habitações, saúde e cuidados correlatos com idosos, e educação com ajuda de computador para evadidos de escolas secundárias. Finalmente foi escolhido o tratamento a longo prazo de idosos. A General Mills, em colaboração com uma importante fundação de saúde, começou a explorar alternativas à tradicional casa de repouso para idosos. O relatório anual da empresa referente a 1986 contém a seguinte descrição desse trabalho:

> Os idosos da nação constituem o objetivo do Altcare, uma obra conjunta iniciada em 1983 com a Wilder Foundation, de St. Paul, Minn. O Altcare foi o catalista do Elder Homestead, uma alternativa de 28 unidades a um abrigo para pessoas idosas, inaugurado em um subúrbio de Minneápolis neste outono. O Altcare desempenhou ainda um papel importante no sucesso do primeiro HMO (organização para manutenção da saúde) da nação, especializado em cuidados médicos a longo prazo e no planejamento de uma rede de cuidados para portadores do Mal de Alzheimer.

Em princípios de 1988, o Altcare foi homenageado pelo Presidente Reagan como um dos vencedores do President's Citation Program for Private Sector Initiatives, a mais alta honraria concedida na nação a programas de ajuda à comunidade, patrocinados por empresas.

Paralelamente a esses esforços para tornar-se mais criativa na participação em assuntos comunitários, outras iniciativas foram tomadas para incluir mais comunidades. Dave Nasby, diretor de projetos comunitários, explica o que é essa nova frente de trabalho: "A General Mills tem uma longa e impressionante história de participação em assuntos comunitários na área Minneapolis-St.Paul, porque seus executivos mais graduados deles participam e com eles assumem compromissos. Entretanto, fomos muito menos ativos em outras localidades onde também operamos, e estamos nos esforçando para mudar essa situação. A companhia costumava gastar aqui de 90 a 95% de seus donativos, mas agora essa marca baixou para 60 ou 70%. Recentemente, por exemplo, a companhia identificou uma necessidade de serviços humanitários para hispânicos na Zona Sul de Chicago." À medida que serviços à comunidade podem reforçar os padrões éticos de empresas, ampliar esses trabalhos para outras áreas geográficas de operação contribui para disseminar a liderança moral da alta administração por toda a companhia.

Atwater justifica o fato de uma companhia empenhar-se em serviços à comunidade, mencionando-lhe a responsabilidade para com a sociedade e mesmo o auto-interesse em cumprir suas obrigações. O argumento pode ser também usado no tocante ao impacto favorável dessas atividades sobre o clima ético da firma. Um dos benefícios desse serviço pode ser seu efeito inspirador sobre a atitude e moral das pessoas que se empenham nesse esforço. Além do mais, praticar boas ações na comunidade pode motivar as pessoas a pensarem mais sobre o seu próprio comportamento em outros ambientes e serem mais sensíveis aos demais. Andrews menciona essa ligação em seu relatório sobre ética, submetido a General Mills. "O fato da participação geral em assuntos da comunidade ser considerado relevante para a prática comercial ética é ilustrado pelo comentário de um executivo, que disse achar difícil imaginar que uma pessoa que lê à noite para cegos falsifique números em seu relatório de despesas no dia seguinte."[11]

Um segundo benefício, e possivelmente mais importante, é o impacto favorável que o interesse da alta administração por serviço comunitário pode produzir sobre a confiança dentro da empresa. Anteriormente, apresentamos o argumento de que um comportamento eticamente impróprio ou questionável pela administração em um aspecto particular pode solapar a confiança do pessoal em sua integridade e compromisso com a ética em geral. No caso acima, vimos um exemplo de reforço positivo, no qual o interesse sincero da administração e o respeito pelo povo da comunidade podem ajudar os empregados a acreditarem em sua sinceridade a respeito de outros assuntos éticos.

Algumas lições da prática

Várias observações gerais podem ser feitas à vista das experiências sobre as maneiras como a alta cúpula da Armstrong, da Hewlett-Packard e da General Mills reforçam os padrões éticos. Uma delas é o grande volume de tempo e atenção que as empresas dedicam a esses assuntos. De modo geral, esses administradores participam freqüentemente de uma grande variedade de atividades, a fim de demonstrar seu compromisso com a ética empresarial e instruir e inspirar outras pessoas a agir de modo semelhante. Usando a símile de Bill Adams, é preciso um bocado de pequenos empurrões para impedir que a roda-gigante perca velocidade. Ainda assim, por mais tempo e atenção que os altos administradores dediquem ao assunto, problemas éticos ainda poderão surgir inesperadamente e ocorrerem violações. O que isto indica é a importância de vigilância constante e intervenção oportuna de parte de gerentes e líderes empresariais que sejam hábeis em reforçar os padrões éticos da empresa.

A segunda consideração diz respeito aos ajustamentos dentro da empresa. De acordo com o que foi mostrado na comparação entre a Armstrong e a HP, faz uma grande diferença o onde e o como a roda é acionada. O ambiente competitivo relativamente estável, a alta proporção de empregados temporários e a grande concentração de operações próximas à matriz levaram a Armstrong a ser altamente prescritiva em seu método. Na HP, condições incertas de negócios, grandes números de empregados altamente educados egressos das profissões liberais e a dispersão geográfica das operações aconselharam atividades que estimulam a autogestão. Conforme indicam essas experiências, a alta administração precisa levar em conta as circunstâncias particulares de suas empresas ao decidir sobre um método global para reforçar os padrões éticos e onde e como eles podem produzir o maior impacto sobre a empresa.

A terceira observação diz respeito a oportunidades inexploradas ou subexploradas para reforçar os padrões. Grandes programas destinados a melhorar a qualidade, a produtividade e outras dimensões críticas de desempenho encerram costumeiramente importantes implicações éticas. Quando esses programas são levados à frente com energia e eficiência, eles podem também reforçar o clima ético. Em quase todas as companhias estudadas, os altos administradores deixaram passar oportunidades importantes de explorar esse reforço potencial. O que podemos aprender com essa omissão é a necessidade deles considerarem que qualquer programa ou atividade específicos que afetem significativamente atitudes e comportamento na empresa podem ser levados a relacionar-se construtivamente com os padrões éticos em vigor.

A observação final diz respeito aos conflitos e dilemas éticos que podem surgir à medida que gerentes se empenham em uma grande variedade de atividades para reforçar os padrões. Essas atividades, em geral, tendem a se reforçar mutuamente. A atenção que os executivos da Armstrong dão a bons exemplos contribui para uma rica coletânea de histórias inspiradoras. Estas histórias, por outro lado, são mencionadas com destaque nas palavras da alta administração destinadas a levantar o moral. Mas, como vimos, políticas e medidas dessa natureza podem também colidir entre si, gerando conseqüências inesperadas e indesejáveis. As dificuldades de contratar empregados temporários na HP foi citada como exemplo desse tipo de problema. Conflitos éticos potenciais, no entanto, nem sempre são tão visíveis assim. Ao considerar o serviço à comunidade da perspectiva do empregado individual, por exemplo, será ético de parte da General Mills, através do processo de avaliação de desempenho (merecimento), forçar a participação de um empregado que simplesmente não está interessado nessas atividades? O que dizer do indivíduo que não pode participar devido a problemas de família, tais como ter que cuidar de um cônjuge ou pais inválidos? Outro exemplo é a opinião da administração da Armstrong de que a aplicação rigorosa de castigo por conduta antiética é necessária para demonstrar a firme decisão da companhia nesses assuntos, e também como uma questão de justiça para com todos os que jogam de acordo com as regras. Mas o que é tratamento justo do culpado, cujos atos poderiam ter sido induzidos pelo que ele considerou pressão de um superior ou pelo calor do excesso de entusiasmo para atingir a meta de produção?

A existência desses dilemas não deve ser considerada como negação do papel importante que políticas e práticas podem desempenhar na motivação de conduta ética. Ao contrário, os dilemas são muitas vezes sinais de que as políticas e práticas funcionam bem, afetando todos os aspectos da vida empresarial, trazendo à superfície conflitos inevitáveis que têm que ser resolvidos.

5

INTERESSANDO AS PESSOAS CERTAS

Um elemento fundamental no contexto da administração da ética consiste em prover a empresa, especialmente nos cargos de direção, de pessoas de bom estofo moral. Nas companhias estudadas, este fato recebe em geral o crédito de ser uma das principais razões da conduta empresarial ética. O raciocínio por trás dessa conclusão é simples: a ética, em última análise, depende da propensão moral dos indivíduos que trabalham na empresa. Nenhum programa ético, por mais bem elaborado que seja, pode ter sucesso se os indivíduos que dele participam não dão nenhum valor a preceitos éticos básicos. Considerando a importância que altos administradores aparentemente atribuem à fibra moral de seus auxiliares, surpreende que tão pouca atenção explícita seja dada a este assunto, mesmo em empresas orgulhosas de seus quadros éticos.

Construir uma empresa de indivíduos dessa categoria exige que os altos administradores atuem em três frentes. Em primeiro lugar, têm que atrair para a firma pessoas íntegras e selecioná-las. Em segundo, precisam ajudar os empregados a relacionar seus valores morais básicos com as responsabilidades que desempenham na empresa. Em terceiro, terão que prover futura liderança ética, identificando indivíduos que sejam eficazes em motivar os demais a se comportarem eticamente, e colocá-los em posições de responsabilidade. Este capítulo examina cada um desses requisitos e descreve a maneira como algumas das companhias estudadas encaram a contratação de pessoal, o desenvolvimento de valores pessoais e a seleção de líderes para promover o compromisso de ética nos negócios.

Atraindo e selecionado indivíduos éticos

O ponto de partida da admissão na empresa de pessoas moralmente bem formadas consiste em atraí-las e contratá-las. Até certo ponto, esse processo ocorre naturalmente. Empresas conhecidas por conduta honrada provavelmente atrairão pessoas que adotam fortes valores morais. Mais de um empregado entrevistado por nós disse a respeito disso: "Uma das principais coisas que me atraiu para esta companhia foi o fato dela ser ética." Companhias financeira e comercialmente bem-sucedidas, porém, também atraem indivíduos relativamente indiferentes à ética. Esses indivíduos precisam passar por um processo de triagem no período do seu recrutamento. A importância desse tipo de seleção era uma das principais preocupações de W. Michael Blumenthal, presidente do Conselho da Unisys, quando refletia sobre os erros e arrependimentos de uma carreira de 36 anos em empresas, governo e universidade: "Quando foi que cometi meus maiores erros de contratação de pessoal? Quando coloquei energia e inteligência à frente de moralidade."[1]

Erros dessa natureza são dispendiosos em dois aspectos. Em primeiro lugar, como insinua Blumenthal, indivíduos que carecem de caráter moral podem prejudicar a empresa com atos impróprios ou por serem omissos na hora de agir. Ele define caráter moral como a capacidade do homem de sentir o que é certo e errado, a disposição de ser honesto e a coragem de dizer o que pensa e fazer o que deve. Embora essas observações fossem feitas com relação a cargos executivos de alto nível, a importância do caráter pessoal aplica-se a toda a empresa. Empregados em todos os níveis precisam confiar em que seus colegas — do mesmo cargo, subordinados e superiores — se desincumbirão eficazmente de suas funções. O segundo prejuízo na contratação de indivíduos de caráter duvidoso é o efeito desmoralizador que isso pode ter sobre outros empregados. O visível desrespeito a padrões indicados por essas contratações pode solapar a confiança do pessoal na capacidade da alta administração, se não de sua sinceridade, de prover liderança ética.

Se a boa prática exige um esforço harmonizado para atrair e contratar indivíduos com fortes valores morais, e ignorar e rejeitar os fracos neste sentido, então a firma precisa avaliar o caráter moral dos candidatos a emprego e usar esta avaliação como um dos principais critérios de seleção. A prática comum, no entanto, fica aquém do ideal, se a prova seguinte sobre sistemas de recrutamento nas companhias estudadas constitui indicação do que acontece em outras. Todas as pessoas que atribuíram seu desempenho ético, ou de sua companhia, à qualidade de seu pessoal foram solicitadas, em um ponto não relacionado com o assunto nas entrevistas que fizemos com elas, a descrever o sistema de recrutamento e os critérios de seleção. A resposta seguinte, dada por um gerente de vendas, foi típica: "Queremos saber como a pessoa se saiu nos estudos e sobre suas atividades extracurriculares. Estamos à procura de gente dotada de entusiasmo, autodisciplinada, que trabalhe duramente e que queira vencer na vida." Quase todas mencionaram qualidades pessoais tais como inteligência, iniciativa e energia. Quase nenhuma mencionou caráter moral.

Ao ser apontada a ausência de caráter moral na lista dos critérios explícitos de contratação, as pessoas entrevistadas responderam de três maneiras. Mais ou menos a metade refugiou-se na crença de que o caráter moral era avaliado implicitamente, durante o curso das entrevistas para emprego, pela maneira como os recrutadores reagiam ao candidato. Um número ligeramente menor era de opinião que caráter moral não podia ser corretamente avaliado em uma entrevista, ou mesmo durante várias entrevistas, e que teria que ser submetido a teste e classificado ao longo do trabalho. Por último, alguns ficaram surpresos com a pergunta e reconheceram haver uma incoerência entre seus pronunciamentos sobre a importância de contratar pessoas éticas e o sistema de recrutamento de suas empresas.

Reconhecidamente, pode ser difícil, se não impossível, fazer em uma entrevista uma interpretação do caráter moral de alguém.[2] Afinal de contas, o candidato tenta, via de regra, produzir boa impressão. Poucas pessoas confessariam abertamente que são antiéticas. Entretanto, no curso da conversa, surgem com freqüência sinais sutis que podem fornecer informações úteis sobre os valores da pessoa a entrevistadores que sejam sensíveis a tais assuntos e estejam alertas. Isto não quer dizer que todo patife inteligente possa ser desmascarado. Mas como demonstra a experiência do Mark Twain Bancshares, um esforço deliberado para recrutar indivíduos de altos princípios faz, de fato, uma diferença.

Mark Twain Bancshares

O caráter moral dos empregados do Mark Twain era, por várias razões, de especial importância para os altos executivos.[3] Carl Wattenberg, advogado da empresa, mencionou uma das razões, comuns à atividade bancária em geral: "Uma vez que bancos lidam com dinheiro, a indústria está madura para a prática de vigarices. Os crescentes problemas com álcool e drogas resultam em tentativas mais freqüentes e desesperadas de praticar desfalques. Embora medidas de segurança sejam importantes, a única maneira como um banco pode realmente proteger-se é certificando-se de que contrata gente honesta e inteligente."

A organização física e sistemas de contratação agravavam a vulnerabilidade do Mark Twain com relação à segurança. A disseminação geográfica das agências, que facilita o serviço às comunidades de bairro e é considerada como uma das principais razões do rápido crescimento e forte posição competitiva do Mark Twain, separava fisicamente os funcionários operacionais da influência direta e da supervisão dos altos administradores. Embora grande variedade de medidas tivessem sido tomadas para montar salvaguardas, as interações reduzidas com as chefias, que não poderiam deixar de aumentar a oportunidade de atos transgressores, implicavam uma grande tentação para a integridade pessoal.

Agravando o problema, o Mark Twain seguia o costume de promover pessoas muito jovens para cargos de grande responsabilidade. Muitos de seus gerentes de agência estavam na casa dos 30 anos, sendo que alguns chegaram a esse cargo ainda na casa dos 20. A pouca experiência profissional dessa gente só podia mesmo fornecer informações limitadas sobre os negócios e juízos morais que teriam que formar em situações difíceis. Por essa razão, os altos executivos eram obrigados a depender de outros meios para avaliar e desenvolver essas qualidades, de importância fundamental. O esforço para formar um quadro de gerentes dotados de fortes princípios éticos começou pelo recrutamento.

Em toda a história do banco, o fundador Adam Aronson sempre fora excepcionalmente ativo na questão do recrutamento. Entrevistara pessoalmente, durante quase 20 anos, todos os candidatos — estudantes universitários ou já formados — a cargos de gerência, e, como presidente do Conselho de Administração, continuara a entrevistá-los nas escolas mais renomadas. John Dubinsky, executivo-chefe, descreve nas palavras seguintes o recrutamento em faculdades: "O que estamos buscando são jovens, homens e mulheres, inteligentes, com alta capacidade de expressão verbal, fortemente motivados (com aquele brilho nos olhos), orientados para a família e a comunidade, e dotados de ética. Uma vez que só recrutamos nas melhores escolas, podemos facilmente tranqüilizar-nos quanto à inteligência desse pessoal. O difícil é medir-lhes a motivação e o caráter moral. Com o objetivo de cuidar dessas dimensões, mandamos várias pessoas entrevistar os candidatos e, em seguida, comparamos as suas notas." Em sua opinião, a dificuldade extra por ter que avaliar jovens sem experiência era mais do que compensada pela vantagem de contratá-los antes que tivessem muita oportunidade de desenvolver hábitos de trabalho duvidosos ou se tornarem cínicos a respeito da ética empresarial.

Um jovem encarregado de carteira de empréstimos, que participou desse trabalho em sua universidade, contou com mais detalhes a maneira como o Mark Twain procedia ao recrutamento. Na Northwestern University, o grupo de recrutadores era constituído do presidente do Conselho, do executivo-chefe, do chefe da divisão de empréstimos, de dois gerentes regionais e quatro outros funcionários. Ela explicou como o grupo interagia entre si: "Imediatamente após as entrevistas, todos nós nos reuníamos para conversar sobre os candidatos. De modo geral, de quatro a cinco dos nove do grupo haviam entrevistado cada um dos estudantes." Aparentemente, cada entrevistador possuía um método próprio para avaliar o caráter moral. Um examinava as atividades extracurriculares do candidato, com o intuito de descobrir o que o motivava e ao que atribuía valor. Outro focalizava a sua atenção no interesse e amor pela família. O método especial para julgar a tendência ética do indivíduo era provavelmente menos importante do que o volume de atenção dado à avaliação.[4]

O trabalho da administração para avaliar o caráter e atrair pessoas de altos padrões éticos produzia um visível impacto sobre os candidatos. Frank Trotter, chefe da carteira de ações, recorda sua experiência: "Quando fui entrevistado em 1981, Bob Butler (vice-presidente executivo) passou mais de uma hora me bombardeando com perguntas. No fim, explicou que não estivera tentando descobrir o que eu sabia, mas sim que tipo de pessoa eu era. Esse fato realmente me impressionou." Outro jovem executivo do banco contou como ficara impressionado com a conversa de Dubinsky (executivo-chefe) sobre a propriedade de emprestar ou não dinheiro para a construção de uma clínica de aborto, como um exemplo do pensamento do banco sobre assuntos delicados. Brian Call, um jovem encarregado da carteira de empréstimos que fora anteriormente missionário mórmon, recordou também a ênfase que havia sido posta em valores éticos durante as entrevistas, acrescentando: "O que me impressionou foi o interesse autêntico que Adam (Aronson, presidente do Conselho) e outros funcionários graduados demonstraram por mim e por minha família como gente. Eu acabara de ser entrevistado por um grande banco de Nova York, onde senti que minha esposa e filho eram considerados como possíveis obstáculos à minha carreira. Em contraste, o Mark Twain via minha família como um ponto positivo. Este fato me disse muita coisa acerca do pessoal do Mark Twain e seus valores."

Embora nosso estudo não tenha descoberto nenhuma técnica especial para avaliar o caráter moral de candidatos desconhecidos, verificou, de fato, que recrutadores que tentam realizar esse tipo de avaliação podem fazer isso com proveito.[5] O processo, reconhecidamente, exige juízos de valor difíceis, sujeitos a erro. No entanto, é claro que entrevistadores inteligentes e experientes terão provavelmente mais sucesso em selecionar pessoas de princípios éticos — considerando explicitamente a dimensão moral — do que de modo vago, ou não absoluto. Além do mais, como indica a experiência do Mark Twain, a atenção à ética no recrutamento inclui o benefício de esclarecer ao novo empregado a relevância dos valores morais pessoais para a futura experiência de trabalho.

Assessores éticos

A idéia de contratar para a empresa indivíduos dotados de fortes princípios morais pode ser, com boas razões, estendida dos empregados diretos à seleção de assessores externos importantes — consultores jurídicos e financeiros, conselheiros de administração, lobistas, agentes de publicidade, fornecedores, distribuidores, e mesmo clientes — que possam defender e reforçar, e nunca subverter, o clima ético da companhia. Ao evitar a dependência sobre conselheiros externos inescrupulosos, a alta administração elimina potenciais fontes de influência que poderiam tentar ou pressionar o pessoal da empresa a trilhar atalhos éticos.

Embora poucos administradores admitam até para si mesmos que contratam consultores e fornecedores inescrupulosos, "obter resultados" e "preço baixo" podem facilmente dominar a seleção desses estranhos, com pouco interesse sobre como o trabalho é feito. Um subempreiteiro é contratado porque entrega no prazo, a baixo preço. O fato dele contratar imigrantes ilegais ou adotar práticas espoliativas no trabalho pode ser facilmente ignorado ou considerado sem importância. Um escritório de advogacia é contratado porque tem a reputação de ganhar certo tipo de causa. A ética profissional do escritório talvez mereça pouca atenção.

Ligar-se a terceiros antiéticos pode ser prejudicial pelas mesmas duas razões que contratar empregados sem princípios. Esses consultores, agentes ou parceiros comerciais podem levar a empresa a praticar atos antiéticos. A ligação voluntária com essas partes pode também solapar a confiança do pessoal na integridade da alta administração, quando atos duvidosos ou impróprios vierem à luz e parecerem ser tolerados. Essa conseqüência foi pitorescamente resumida por um executivo de nível médio de uma grande empresa, que se queixou: "Como é que o chefão (o executivo-chefe) pode alegar preocupar-se tanto com conduta ética quando emprega um vigarista como aquele para dirigir nossa defesa jurídica nos casos que envolvem a qualidade do nosso produto?"

Formando pessoal ético

A contratação seletiva constitui apenas o primeiro passo na formação de uma empresa constituída de pessoal ético. A fim de explorar os benefícios de valores morais pessoais para os objetivos da empresa, a administração precisa ajudar seu pessoal a compreender como seus padrões pessoais se aplicam ao trabalho que vão realizar e estimular esse envolvimento na conduta diária. Se esta ligação não for feita, talvez não se concretize grande parte do impacto potencial benéfico que empregados moralmente bem formados poderiam produzir sobre a conduta empresarial. Além do mais, dada a diversidade, complexidade e composição mutável das questões éticas no mundo dos negócios, provavelmente haverá necessidade de ampliar e refinar o pensamento e valores do empregado a fim de abranger os interesses éticos da firma.

As empresas estimulam, de várias maneiras, o desenvolvimento moral de seu pessoal, incluindo diretrizes e padrões redigidos com clareza (discutidos no Capítulo 3), fornecendo doutrinação ética e experiências de treinamento, criando condições para aumentar a autoconfiança do empregado quando age eticamente e utilizando prêmios e punições para reforçar o comportamento.

Doutrinação e treinamento

No Mark Twain, a ênfase inicial em valores éticos durante o recrutamento é rapidamente reforçada de duas maneiras. Em primeiro lugar, todos os novos empregados são obrigados a comparecer, em todas as manhãs das quartas-feiras, aos debates de um Grupo de Estudo de Políticas, onde recebem doutrinação ampla sobre os valores da empresa. Um jovem executivo lembra vividamente as palestras para reforço do moral que Aronson proferia nessas reuniões. Dubinsky liderou uma discussão sobre várias questões morais relevantes para as operações do Mark Twain, como parte de uma série, e o chefe do serviço jurídico do banco passou em revista o documento de 19 páginas sobre padrões morais e a política sobre conflito de interesses do banco. Como resultado dessas discussões, todos os jovens executivos passaram a conhecer os padrões éticos do banco, o pensamento e a determinação de seus líderes e supervisores de ética, e histórias de uma ou mais pessoas que haviam sido mandadas embora por violar as regras e a confiança da administração. O tempo dedicado à instrução, a participação dos altos executivos, a interligação de considerações de ética e negócios, a qualidade do programa (cobertura abrangente, oportunidades de discussão) e a formação de um grupo de colegas estreitamente ligados entre si contribuíam para tornar essa experiência altamente memorável para os funcionários do banco.

A socialização e instrução no Mark Twain são também realizadas através de uma tradição de reuniões sociais freqüentes, com participação de todos os executivos do banco e suas esposas. Para muitos, este segundo nível de reforço é um meio especialmente poderoso de ligar a ética pessoal à empresarial. Cônjuges participam e os valores dos altos executivos são compartilhados em base pessoal com os novatos, através de histórias e discussões em um ambiente cordial. As amizades e o valor dado à família, resultantes desses encontros, tendem a aguçar o senso de responsabilidade e o desejo de aprovação do indivíduo. Aumentando a confiança mútua, aumenta também o potencial de pressão de colegas como poderoso dissuasório de lapsos morais.

O método de doutrinação ética do Mark Twain é especialmente apropriado para lidar com um pequeno número de indivíduos formados por faculdades, jovens e de boa formação moral, que ingressam nas fileiras da administração. A tarefa de associar ética pessoal e empresarial é diferente e muito mais complexa quando aplicada a um grande número de empregados de nível mais baixo, com meios formativos heterogêneos. Nessas circunstâncias, torna-se difícil — se não impossível — aos altos executivos confiar exclusivamente no convencimento pessoal em sua reação às perguntas e opiniões de cada pessoa. Programas de treinamento formal são necessários para desenvolver a compreensão, competência e compromisso relativos à conduta ética no emprego.

Bons programas de ética variam muito em extensão, conteúdo e forma de apresentação. Não obstante, parece que têm pelo menos duas características comuns. Em primeiro lugar, os participantes podem fazer perguntas à vontade, contestar afirmações e, de modo geral, empenhar-se ativamente no processo de aprendizagem. Um dos defeitos mais comuns e prejudiciais das sessões de treinamento ético em empresas é a violação dessa regra. Na discussão de material complexo como, por exemplo, regulamentos, leis e sanções aplicáveis a contratos com o governo — fazer uma palestra para um grupo de 50 a 100 pessoas durante uma hora e, em seguida, abrir um período de perguntas de 10 a 15 minutos equivale a comunicação de mão única. Este formato de treinamento, comum demais, simplesmente não permite que os ouvintes solucionem as dúvidas e apreensões que porventura tenham.

A segunda característica comum a essas experiências de treinamento consiste em forte concentração em questões éticas claramente relevantes para a platéia. Repetir chavões morais e fazer generalizações nesses programas provavelmente não conseguirão despertar interesse, e muito menos motivar participação no processo ético da empresa. Um seminário de um dia e meio organizado por uma unidade da Texas Instruments poderia servir de modelo da aplicação desses princípios. Juntamente com palestras e discussão franca, três horas foram dedicadas à apresentação de maneiras de lidar com situações de caso específicas, envolvendo problemas éticos. (Ver Ilustração 5-1 como exemplo.) Seiscentos empregados temporários foram designados para esse seminário em turnos de 24 por sessão.

O treinamento, claro, pode assumir muitas formas. Um dos métodos mais inovadores para ajudar administradores a desenvolver sua sensibilidade a questões éticas importantes é adotado pela Armstrong World Industries. Nessa empresa, gerentes de fabricação jovens e promissores são designados para trabalhar por um período de dois anos, mais ou menos, no departamento do pessoal. Joseph Rempke, gerente de relações industriais, explica nas palavras seguintes o método:

> Nos últimos 40 anos, a empresa tem designado gerentes jovens e promissores para o departamento do pessoal com o intuito de familiarizá-los com os pontos de vista dos empregados. Esta experiência é muito importante para os que trabalham em produção, porque lidam com muitos operários. Nessa designação, são afastados das pressões de custos em dólar e passam a lidar com custos humanos. Um gerente precisa conhecer ambos os pontos de vista para trabalhar bem com pessoas.
>
> O sistema funciona também no sentido oposto. Eu comecei em pessoal, fui transferido para produção e, no fim, voltei ao pessoal.

A oportunidade da alta administração de aumentar a sensibilidade ética de subordinados através da rotação de cargos pode ter aplicação geral, e não limitar-se apenas à produção e pessoal. É claro que a faixa de sensibilidade do administrador a questões éticas provavelmente corresponderá à sua faixa de conhecimento e experiência nas atividades da firma. Com uma maior compreensão dos que trabalham em outras funções, ocorre uma maior compreensão das restrições e limites que enfrentam, incluindo os de natureza ética. Vendedores que conhecem o processo de produção, por exemplo, estão em melhores condições para evitar datas de entrega absurdamente difíceis do que aqueles que não dispõem dessas informações. As conseqüências éticas têm a ver com as pressões excessivas que essas exigências fazem ao pessoal graduado de produção e à força de trabalho, juntamente com todas as medidas impróprias tomadas para atingir metas absurdas.

CASOS SOBRE EXERCÍCIO DE INTEGRIDADE

Estudo de Caso C

Pouco antes da revisão de operações no começo da manhã, você ouviu seu gerente instruir especificamente um dos empregados a não levantar quaisquer dúvidas sobre as metas extremamente ambiciosas que foram previamente divulgadas relativas a um projeto executado pela firma. Durante a revisão, o empregado, espertamente, evitou qualquer menção às metas duvidosas. Não obstante, no final do turno, o cliente (outra equipe de projeto da TI) perguntou especificamente: "O que é que você acha de sua capacidade de cumprir as metas do projeto que foram publicadas antes?" Após uma longa pausa, o empregado responde: "Tenho sérias preocupações sobre nossa capacidade de cumprir qualquer uma das metas recentemente publicadas." Imediatamente depois da reunião, o gerente, obviamente irritado, diz a você: "Temos que conversar sobre este problema que os empregados criaram agora. Acho que precisamos de um novo líder de projeto. Procure-me no meu escritório."

O que é que você faz?

Ilustração 5-1 Um exercício de treinamento ético.

Delegação de poderes e ética

A doutrinação e o treinamento ético, por mais bem conduzidos que sejam, serão severamente limitados nos benefícios que poderiam proporcionar se aos empregados não for dada oportunidade de participar do processo através do qual os problemas éticos da empresa são colocados e resolvidos. O que se faz indispensável neste particular são condições que permitam aos empregados de toda a empresa participarem do estudo ativo e franco das questões éticas relacionadas com o trabalho.

A Lincoln Electric dá um claro exemplo do que poderíamos chamar de *delegação ética de poderes*. Graças à Comissão Consultiva, os trabalhadores têm alguma voz na maneira como devem ser tratados pela empresa. A atmosfera igualitária da companhia — lanchonete comum, política de porta aberta e participação ativa da administração no trabalho — fornece muitas outras oportunidades para que os empregados, no curso do dia de trabalho, participem da formação ética da empresa. Podem fazer perguntas e se tornarem mais bem informados sobre essas questões, dar voz a objeções sobre posições de que discordam e expressar ou manifestar apoio às posições com que concordam.

Não pode ser exagerada a importância de discussões ativas e abertas sobre assuntos éticos em toda a empresa. De acordo com Bird e Waters, "É impossível fomentar maior responsabilidade moral de parte de empresários e empresas sem facilitar também conversas mais francas e diretas sobre questões éticas."[6] Facilitar conversas mais francas e diretas sobre essas questões pode, em alguns casos, acarretar mais do que simplesmente dar permissão para que seja criado um foro para a participação. Vejamos, por exemplo, o caso de empregados de nível inferior que, a despeito de boas intenções e esforços sinceros, são improdutivos ou menosprezados no que fazem. Esses indivíduos, vulneráveis e carentes em dignidade, enfrentam compreensivelmente pressões pela sobrevivência que podem superar quaisquer preocupações que poderiam ter pelos direitos e bem-estar dos demais. Antes que possam participar corretamente de um programa ético, a companhia precisa ajudá-los a obter o senso de estima e segurança que os tornariam membros valiosos da empresa. Essa ligação tornou-se evidente no St. John's Hospital, em Lowell, Massachusetts, onde as faxineiras passaram a demonstrar mais interesse pelas necessidades dos pacientes ao serem ajudadas a se tornarem mais produtivas e apreciadas no trabalho que faziam. Nesses casos, a ética empresarial é afetada em pelo menos duas maneiras importantes. A primeira consiste em ajudar empregados de baixo status tratados com desdém a obter autoconfiança e dignidade no emprego. A segunda, melhorar o serviço e dar aos clientes pleno valor pelo que pagam (neste caso, hospital e pacientes).

No St. John's Hospital e em situações semelhantes, a alta administração da ServiceMaster pode melhorar a produtividade, o moral e preocupações éticas de uma força de trabalho que, sob uma supervisão menos sensível e talentosa, tende a ficar aquém das expectativas em todos esses três aspectos.[7] Embora a discussão abaixo concentre-se principalmente em trabalhadores de nível inferior, cuja presença é facilmente ignorada, os princípios aqui mencionados têm aplicação muito mais vasta, uma vez que tratam de fortalecer a dignidade, a competência e a autoconfiança do empregado.

A ServiceMaster Company

A ServiceMaster, mediante contrato com hospitais, escolas e empresas industriais, supervisiona seus empregados de serviço — tais como os encarregados de faxina, tinturaria e fornecimento de lençóis, serviços de alimentação, operações e manutenção de instalações de força, administração de material e manutenção de equipamento médico. Além disso, mediante franquia, habilita indivíduos a realizar no domicílio residencial ou comercial do cliente limpeza de carpetes, trato de gramados e serviços de inseticida. Em 1992, a companhia, que emprega 27.700 pessoas e administra o trabalho de mais de 100.000 trabalhadores de serviços, realizou vendas superiores a 3,5 bilhões de dólares e obteve lucros recordes que a qualificaram como a principal empresa nos Estados Unidos no que diz respeito a retorno percentual de ação ordinária negociada em Bolsa na década anterior.

A capacidade da empresa de obter desempenho de qualidade mais alta a custo mais baixo constitui a principal razão de seu rápido crescimento. Sua atratividade depende também do efeito positivo que produz sobre a atmosfera de trabalho do cliente. Ao avaliar sua experiência com a ServiceMaster, a irmã Maria Loyola, presidente do St. John's Hospital, observou: "O que mais gosto na companhia é que ela faz com que nosso pessoal se sinta importante. E faz isso de muitas maneiras. Distribui, por exemplo, prêmios por coisas tais como o carrinho de serviço e o quarto mais limpos do hospital. Recentemente, quando resolveu adotar um novo uniforme, pediu ao pessoal que escolhesse a cor. Ela sabe realmente como motivar pessoas a trabalhar bem."

C. William Pollard, presidente e executivo-chefe da ServiceMaster, explica a importância de fazer com que pessoas se sintam importantes em seu trabalho.

> Lembrem-se: podemos comprar o tempo de um homem. Podemos comprar sua presença física em um determinado lugar. Podemos mesmo comprar um número certo de movimentos musculares durante oito horas por dia. Mas não podemos comprar entusiasmo. Não podemos comprar iniciativa. Não podemos comprar lealdade. Não podemos comprar devoção de corações, mentes e almas.

A importância e a dificuldade dessa meta são agravadas quando analisamos as pessoas a quem ele se refere. Os trabalhadores pelos quais a ServiceMaster assume funções de supervisão situam-se costumeiramente no nível de ingresso na atividade e, com freqüência, carecem de qualificações, educação e são mesmo, em alguns casos, analfabetos. Muitos deles sequer falam inglês. Freqüentemente, o equipamento é de segunda classe, as instruções são medíocres e a supervisão meramente superficial. A produtividade do trabalho é baixa e altas as taxas de absenteísmo e giro de mão-de-obra. Esses indivíduos estão mal posicionados para se interessarem por ética empresarial ou pela maior parte das outras coisas, além de conservar o emprego.

Nessa situação, a tarefa de ligar pessoal e ética empresarial exige mais do que a doutrinação e a formação de equipes que ocorrem no Mark Twain. A ServiceMaster teve, em primeiro lugar, de criar auto-estima do trabalhador individual, ensinando a cada um deles as qualificações necessárias e dando-lhes apoio para melhorar o desempenho, além de induzir os que pagam pelo serviço a valorizar o trabalho feito e demonstrar apreciação por aqueles que o realizam — como, por exemplo, conseguir que os administradores do hospital, médicos, enfermeiras e pacientes dêem importância ao trabalho realizado pelas faxineiras no St. John's Hospital. A fim de atingir esse objetivo, a ServiceMaster esforça-se para fornecer à força de trabalho de faxina métodos e equipamentos aprimorados, treinamento, forte apoio de supervisão e reconhecimento pelo aumento de qualidade resultante. Esses esforços coordenados se reforçam na prática.

Equipamentos, materiais e rotinas de trabalho

Fundamental ao trabalho da ServiceMaster para melhorar a produtividade do trabalhador e a qualidade do serviço foi elaborar rotinas de trabalho eficientes e redesenhar equipamentos e materiais para facilitar essas rotinas. A empresa descreve nas seguintes palavras esse sistema integrado para melhorar a prestação de serviço:

> ... Em 1985, o departamento de pesquisa e desenvolvimento da companhia cresceu e tornou-se um quadro de pessoal de 18 pessoas, chefiadas por dois PhDs. O departamento tinha como principais funções estudar os vários tipos de atividades e criar novos equipamentos e materiais para eles.
>
> Um estudo, por exemplo, concluiu que o esfregão usado nos banheiros devia ser higienizado com uma nova aplicação de desinfetante sempre que fosse utilizado. Um borrifador especial foi criado para esse fim. Em outro estudo, descobriu-se que certo tipo de estopa seca tratada podia fazer um trabalho que consistia antes de esfrega úmida e esfrega seca em corredores.
>
> A maioria dos recipientes de materiais de limpeza foi codificada em termos de cor e cheiro para os empregados analfabetos dos clientes.[8]

As economias em custos e melhor qualidade do serviço, resultantes do emprego de equipamentos e rotinas refinadas, obviamente beneficiaram a ServiceMaster em termos de satisfação dos consumidores, conservação de clientes e novos contratos. Esses resultados também produziram um efeito importante sobre o moral dos empregados, à medida que desenvolviam um senso de realização pessoal e experimentavam um *feedback* mais positivo sob a forma de menos queixas e mais elogios.

Treinamento

Com o objetivo de tirar proveito dos melhores métodos e materiais, a ServiceMaster patrocina extensos programas de treinamento no trabalho para os empregados dos clientes. Embora boletins e vídeos de informação técnica sejam preparados para fins de instrução, as sessões de treinamento do tipo "veja como eu faço, e depois eu vejo como você faz" constituem o núcleo do trabalho de qualificação no emprego. A esfrega úmida de corredores, por exemplo, é ensinada com instruções ilustradas, seguidas de uma demonstração, terminando com o desafio de um quarto de dólar num canto. Este desafio é descrito como uma sessão do tipo primeiro eu/depois você, na qual o supervisor atira uma moeda de quarto de dólar em um canto da sala e desafia o empregado do cliente a esfregar o chão em um movimento contínuo em forma de "S" até empurrar a moeda pela porta a fora. Os que conseguem ficam com a moeda. Conta-se que muitos empregados ainda as conservam como troféus.

A importância desse treinamento foi claramente destacada pela administração de uma nova grande instituição cliente, quando perguntada sobre os benefícios trazidos pela ServiceMaster. "Treinamento! Antes, tínhamos treinamento zero. Uma vez, vimos um cara usar cera de assoalho para limpar as janelas, porque era analfabeto. A ServiceMaster é muito competente em treinamento. Não só o trabalho melhora, mas também o moral. Afinal de contas, a pessoa que faz bem um trabalho sente-se bem." Uma vez que fazer o trabalhador sentir-se bem consigo mesmo é importante para a ServiceMaster, o treinamento no trabalho dos empregados dos clientes inclui aulas sobre desenvolvimento pessoal, destacando assuntos como comunicações, auto-estima e cuidados com a saúde. Os trabalhadores são também estimulados a se matricular em programas educacionais, onde podem aprender a falar, ler e escrever inglês e se desenvolver de outras maneiras.

Reconhecendo e premiando desempenho

A atenção que a ServiceMaster dá a detalhes, o entusiasmo de seus gerentes que trabalham nas instalações dos clientes, o equipamento e materiais especiais e o treinamento organizado contribuem para desenvolver no trabalhador um senso de importância. Mas esse tipo de injeção moral logo se dissiparia se não fosse reforçado pela própria organização do empregado — o hospital, a escola ou a firma industrial. O problema aqui é que muitas pessoas tendem a tratar com desprezo — ou a ignorar — o trabalho que consideram humilde, bem como as pessoas que dele se encarregam. Como lembrete do trabalho enfadonho e da insensibilidade com que são tratados os empregados de serviço de baixo nível, todos os gerentes e supervisores são obrigados a passar algum tempo, todos os anos, fazendo o mesmo trabalho que seus pupilos. Com referência à sua própria experiência como encarregado de turma, o executivo-chefe William Pollard descreve a maneira humilhante como foi tratado:

> Não é raro, por exemplo, que a pessoa que faz trabalho de faxina nunca seja identificada pelo primeiro nome, seja considerada quase que como uma peça de mobília... Trabalhando em um corredor muito movimentado, eu ouvia pessoas falando sobre mim: "Ele parece um cara legal. Por que será que está fazendo este tipo de trabalho?" Como se eu não os estivesse ouvindo.

De uma grande variedade de maneiras, a ServiceMaster procura acabar com esse *feedback* humilhante. Todos os gerentes da empresa no local, por exemplo, convidam ocasionalmente um funcionário graduado da empresa cliente para falar em uma reunião departamental sobre a importância do trabalho feito por empregados de serviço. O relato seguinte, de um desses antigos gerentes, revela o impacto positivo que esse costume é capaz de produzir.

> Há alguns anos, convidei o chefe da equipe cirúrgica para falar à equipe de limpeza. Na reunião, ele descreveu o trabalho que fazia na sala de operações. Terminou explicando que a recuperação do paciente dependia tanto da limpeza do ambiente pós-operatório quanto de seu trabalho cirúrgico. Esses comentários foram inspiradores para o meu pessoal.
>
> Alguns dos maiores benefícios, porém, ainda estavam por vir. Em primeiro lugar, em todos os casos em que ele encontrava pessoal da limpeza, sorria e perguntava como iam as coisas. Esta atenção sem precedentes de um personagem importante foi sem dúvida notada pelo meu pessoal e, provavelmente, também por outros.
>
> Então, alguns meses depois, um jovem cirurgião qualquer disse nomes feios a um de meus auxiliares, quando ele lhe pediu cortesmente que não atravessasse a área que estava sendo limpa. Quando o cirurgião-chefe soube desse incidente, repreendeu o médico culpado, em frente dos seus colegas, por sua insensibilidade com o faxineiro como pessoa e com a importância do trabalho que ele fazia. Quando soubemos disso por outro jovem médico, você pode imaginar o efeito que isso produziu sobre meu pessoal.

A ServiceMaster ajuda os principais gerentes nas empresas dos clientes também a apreciar de outras maneiras o trabalho dos empregados dos serviços de apoio. Embora seu objetivo seja assegurar a satisfação do cliente, visitas de inspeção regulares tornam o trabalho de apoio altamente visível e, por essa razão, credor de reconhecimento e elogios. Jim Huse, vice-presidente executivo a cargo da ServiceMaster East Company, descreve essa prática da seguinte maneira:

> Uma das razões do sucesso da ServiceMaster baseia-se em seu trabalho para mostrar claramente ao cliente o serviço que recebe. O representante do cliente é convidado a fazer uma inspeção semanal do local e classificar sua qualidade em um formulário simples, preparado para esse fim. O formulário não só permite ao cliente indicar se isto ou aquilo foi bem-feito, mas convida-o também a oferecer comentários e recomendações específicos. O cliente é em seguida convidado a assinar o documento. Em uma sessão mensal conjunta de revisão de trabalho e programa, o cliente e a ServiceMaster avaliam o que foi alcançado durante o mês anterior, os objetivos para o mês seguinte e quaisquer outros itens relevantes para o relacionamento. São feitas minutas da reunião, com envio de cópias ao cliente para arquivamento.
>
> Um benefício importante desse tipo de *feedback* consiste em identificar manias particulares do cliente. Um deles, por exemplo, pode ter uma obsessão por assoalhos brilhantes, outro em não encontrar vestígio de poeira em cima de mesas. Só recebendo *feedback* específico é que podemos saber como agradar ao cliente. Em seguida, a inspeção permite-nos chamar a atenção do cliente para os benefícios que recebe. Como resultado, o pessoal de serviço de apoio passa a ser considerado como colaboradores valiosos, e não como fardos às operações.

Reconhecimento e prêmios são também enfatizados pela ServiceMaster no curso normal de suas operações. A irmã Loyola foi antes citada por seu comentário sobre prêmios dados "por coisas tais como o carrinho de serviço e o quarto mais limpos do hospital". Trabalhadores que se destacam e seus cônjuges são também homenageados na conferência anual da empresa.

A mais alta manifestação de reconhecimento e recompensa foi a meta anunciada pela ServiceMaster de ter 20% de todos os seus novos treinandos de administração formados de pessoal egresso das fileiras mais baixas dos empregados. Segundo Pollard, 16% da equipe de administração da firma vieram dessa origem e vários altos executivos iniciaram sua carreira na ServiceMaster "rebocando carrinhos de lixo ou de roupas para lavar, fazendo trabalho de faxina ou dando polimento a pisos". Um banco de dados que acompanha o progresso de mais de 120.000 empregados, que trabalham em instituições de saúde, escolas e empresas, ajuda a administração a identificar prováveis candidatos à promoção ao escalão administrativo. Para muitos empregados, o que mais contava era a atitude da administração. De acordo com Caroline Bennet, encarregada do serviço de limpeza no Eastern Nazarine College, "na ServiceMaster há a tendência para ser positivo e valorizar o indivíduo como pessoa".

Premiação de conduta ética

Em administração, como no comportamento humano em geral, estudos e experiência demonstram que pessoas são motivadas por prêmios, que são desejados, e por punições, que não são. A boa prática administrativa para formar empregados éticos deve reconhecer-lhes as realizações com abundantes recompensas (elogios, mordomias e promoção) e condenar as infrações com medidas disciplinares. A prática comum, no entanto, tende a dar pouquíssima atenção à recompensa de realizações éticas.

No mundo dos negócios, a conduta ética é considerada em geral como uma limitação, e não como uma oportunidade. Altos executivos freqüentemente frisam regras e regulamentos na formação da atmosfera ética da empresa. Subordinados vêm a considerar a dimensão ética como maneira de se meter em problemas e não como maneira de progredir. As respostas seguintes a perguntas sobre o papel desempenhado pela conduta ética em avaliações de merecimento, designações e promoções são em geral bastante representativas.

> A ética empresarial serve mais como veto do que como ponto positivo. Espera-se que a pessoa seja honesta e ética, de modo que isto não constitui um valor na avaliação do merecimento, exceto na decisão de mandar embora o empregado.
>
> Chefe de Departamento,
> Mark Twain Bancshares

> A boa ética é mais ou menos considerada como dada. Não há reforço positivo com relação a esse tipo de conduta. O indivíduo só é punido se flagrado no ato. Todas as recompensas tomam outra direção (por desempenho econômico).
>
> Gerente de Divisão,
> General Mills

Não há nada de errado no fato da alta administração querer ter certeza de que os empregados não se conduzem de modo a comprometer os interesses da empresa. Mas a ênfase arrogante no "não farás" desliga freqüentemente os empregados. Esse efeito é evidente nos comentários de um executivo de nível médio de uma das firmas mais respeitadas que se encontra na lista das "100 Maiores Empresas Industriais" da revista *Fortune.* Durante uma conversa num jantar ele se queixou do código de conduta de sua companhia, que se tornara tão detalhado e era tão mecanicamente cumprido que ele nem mais sabia nem se importava com o que continha. Isto era verdade, mesmo que todos os anos tivesse que assinar um papel, para satisfazer o departamento jurídico, declarando que conhecia bem o conteúdo. Neste caso, o gerente, que em outros aspectos parecia responsável e leal à empresa, considerava o procedimento como uma chateação estúpida e burocrática. Esta experiência não é incomum em grandes empresas americanas. Outros executivos comunicaram reações semelhantes, observando em alguns casos: "Tudo que a administração quer saber com certeza é que eu não vou foder a companhia." E ainda mais negativa é a opinião que a alta administração está principalmente interessada em "proteger sua *(bunda)* coletiva".

Um gerente, quando perguntado por que o *feedback* sobre conduta ética em sua companhia concentrava-se quase exclusivamente em punição por infrações, respondeu com a seguinte e interessante analogia: "Respirar é uma das funções mais vitais do corpo para permanecer vivo, mas não lhe damos realmente muita atenção, exceto quando ela apresenta problemas. A conduta ética é como respirar — é ou deve ser automática." Embora a símile seja talvez exagerada, contém um argumento valioso. Quando pessoas têm a inclinação de proceder de forma ética, as considerações morais tornam-se tão inerentes a todas as suas decisões e atos que passam a ser comuns e quase nem são notadas. Como acontece com a respiração, a falha no comportamento ético é muito mais visível do que a ação regular. Há uma certa ironia nessa situação. A ética empresarial — algo que deveria gerar sentimentos positivos e ser inspiradora — torna-se, em vez disso, negativa e ameaçadora para muitos empregados, como resultado da maneira como seu comportamento é avaliado na prática.

Há, claro, exceções a esta tendência negativa geral em reconhecer a conduta ética. Ocasionalmente, ocorre o reconhecimento favorável por ações éticas notáveis. As realizações desses indivíduos podem servir como histórias inspiradoras, tornando-se parte da cultura da empresa. Um exemplo de trabalho mais sistemático para acentuar o positivo seria a inclusão na General Mills de serviços à comunidade como critério explícito para avaliação de merecimento (assunto discutido no capítulo anterior). Colaboradores podem ser elogiados e premiados tanto quanto os indolentes são repreendidos. Mais ou menos de acordo com os mesmos princípios, o formulário de avaliação de merecimento de gerentes e chefes de seção na Texas Instruments inclui numerosas referências explícitas à conduta ética. A categoria de avaliação mais favorável para o fator merecimento, *Motivação/Direção,* inclui a frase "*Insista nos mais altos padrões de conduta ética"*. Analogamente, a definição de *Juízos de Valor e Tomada de Decisões* enfatiza as palavras "*Tome decisões e empreenda ações baseadas nos mais altos padrões legais e éticos"*. Embora a simples inclusão desses critérios de aferição eticamente relacionados não assegure que os avaliadores darão tanto peso a essas considerações, em comparação com medições econômicas de desempenho, essas referências de fato convidam a um tratamento mais equilibrado da conduta ética, no que concerne ao *feedback* positivo e negativo.

Esses exemplos de reforço positivo, embora constituam passos na direção certa, ficam aquém da possibilidade de explorar todos os benefícios potenciais que os altos administradores poderiam obter com práticas de recompensas mais sistemáticas e gerais, como apoio à conduta ética. Se as companhias estudadas são representativas de prática acima da média, então recompensar conduta ética é possivelmente uma das oportunidades menos exploradas de liderança moral.

Preparando a futura liderança ética

A recompensa mais visível e de maiores conseqüências por conduta ética é a promoção para cargos de mais autoridade. Ao longo do tempo, o trabalho sistemático para promover indivíduos qualificados também em outros talentos, que demonstrem excelente capacidade de motivar esse tipo de conduta, constitui uma das maneiras mais eficazes para inspirar outras pessoas a desenvolverem capacidade semelhante e preparar pessoal para liderança ética futura. A despeito de sua importância óbvia, poucos altos administradores exploram todo o potencial desse trabalho. As reflexões de Blumenthal sobre esse argumento proporcionam alguma introvisão da natureza do problema.

> Com uma freqüência grande demais, deixei-me impressionar pela alta inteligência e conhecimento substancial de um indivíduo e nem sempre dei atenção suficiente à questão do quão honesto, quão corajoso e quão bom ela era como pessoa.
>
> Em primeiro lugar, temos que nos conceder tempo suficiente para observá-lo. Em segundo, tentar submetê-lo a teste, ter a certeza de que fazemos seriamente a nós mesmos aquela pergunta sobre bom senso e moralidade, e não esquecer de fazê-la. Isto é muito difícil. Às vezes, quando eu avaliava alguém, dizia: "Puxa, esse cara é sabido. Puxa, esse cara sabe do que está falando. Conhece sua cartilha. E, poxa, ele é ativo. É competente no cargo que ocupa. Vamos promovê-lo."
>
> Evidentemente, se eu soubesse que ele era um escroque, não o teria promovido. Mas não parei realmente para dizer: "Bem, há outro requisito.

> O que é que eu realmente sei sobre ele? Conheço-o realmente o suficiente? Sei realmente como ele enfrentará as pressões e as tentações? Eu nem mesmo pensava nisso. Às vezes ficava ofuscado pelas outras qualidades.[10]

Como revela o comentário acima, não é que Blumenthal ou a maioria dos altos administradores ignorem ou não se importem com o caráter moral de pessoas que talvez estejam sob estudo para cargos de responsabilidade nos assuntos da empresa. Na verdade, a maioria lhe atribui grande valor. Mas não conseguem se concentrar deliberadamente na avaliação dessa qualidade e, tal como Blumenthal, ficam ofuscadas pela energia, inteligência ou folha-de-ofício da pessoa.

Em carta de 14 de fevereiro de 1992 aos acionistas da GE, Jack Welch descreve as opções e os dilemas enfrentados por executivos graduados ao pensarem em qualidades éticas, e não só em desempenho empresarial, na avaliação de líderes.

> Em nossa opinião, líderes — seja no chão da fábrica, seja nos mais altos escalões de nossa companhia — podem ser caracterizados de, pelo menos, quatro maneiras.
>
> A primeira é saber quem cumpre o que promete fazer — financeiramente ou em outra dimensão qualquer — e aceita os valores da companhia. O futuro dele, ou dela, é fácil de prever. Para a frente e para o alto.
>
> O segundo tipo de líder é aquele que não cumpre compromissos e não aceita nossos valores. Não um futuro agradável, mas igualmente fácil de prever.
>
> O terceiro é o que não cumpre compromissos, mas aceita os valores. Em geral ele recebe uma segunda oportunidade, preferivelmente em um ambiente diferente.
>
> E, finalizando, há o quarto tipo — o mais difícil para a maioria de nós descobrir. Esse líder entrega o que promete, recebe todas as boas notas, mas não compartilha dos valores que temos a obrigação de honrar. Este é o indivíduo que tipicamente esfola, em vez de inspirar seu pessoal: o autocrata, o manda-chuva, o tirano. Com uma freqüência grande demais, todos nós desviamos a vista — toleramos esses executivos "Tipo 4" porque eles "sempre entregam" — pelo menos a curto prazo.[11]

O desafio permanente enfrentado por Welch e altos executivos em geral é promover a liderança Tipo 1 e eliminar a Tipo 4.

Com referência aos custos ligados à falta de caráter moral em executivos de alto nível, Blumenthal manifesta preocupação com a incapacidade dessas pessoas de lidar com pressões e tentações. Essas considerações são importantes, para sermos exatos, mas há também conseqüências importantes de segunda ordem. A presença de pessoas amorais — ou, pior ainda, imorais — em posições de autoridade pode mutilar ou mesmo destruir um programa, de outra forma bem organizado, para elevar os padrões éticos. Poucas coisas são capazes de gerar tanto cinismo. Forçosamente surgem questões sobre como indivíduos desse calibre podem sobreviver e prosperar em uma empresa supostamente comprometida com a conduta ética nos negócios.

No lado positivo, colocar pessoas de bom caráter em posições de autoridade pode beneficiar a vida da empresa através do tom moral que elas estabelecem, como papéis a imitar. Repetidamente, indivíduos em todos os níveis recordam como seu pensamento sobre ética empresarial foi modelado por um chefe, não raro o primeiro. Craig Hattabaugh, gerente distrital de vendas da Texas Instruments, por exemplo, lembra-se de um dilema que enfrentou no seu tempo de vendedor novato: "Eu acabara de receber uma grande encomenda de D-RAMS, mas, quando fui pegar a assinatura final no contrato, o agente de compras queria mudá-lo de uma maneira imprópria. Quando contei isso a meu chefe, ele disse 'Ele que se f...' Sua disposição de perder um contrato de 600.000 dólares, a fim de não negociar com um mau-caráter, constituiu para mim uma declaração inesquecível sobre a ética desta companhia." Quase de acordo com os mesmos princípios, Melinda Stearns, uma representante regional da Armstrong, observa: "Meu chefe era muito ético. Para ele era tudo preto e branco. Essa atitude produziu uma forte impressão sobre mim quanto à maneira de fazer negócios."

Seria difícil exagerar a importância desses insumos para uma empresa que se esforça para promover a conduta ética. A preocupação e o compromisso locais com questões éticas são muito mais visíveis e impressionantes para os empregados dessa unidade do que pronunciamentos feitos do alto. Ou como observou inteligentemente um gerente: "Eu sou a companhia para meus subordinados." Todo gerente pode realçar ou degradar o clima ético nas partes da empresa sobre as quais produz um impacto.

Na verdade, líderes éticos podem ser encontrados em todos os níveis de uma empresa. A Texas Instruments é uma organização que reconhece e estimula abertamente essa fonte básica de liderança.

> ... temos sempre que nos lembrar que, quando o assunto é a ética da empresa, a liderança pode vir de qualquer camada ou nível. Qualquer que seja seu cargo, se você estiver em uma posição em que pode produzir um impacto sobre as atividades de trabalho de outras pessoas, então poderá influenciá-las também com relação à ética.[12]

Boas práticas exigem que a alta administração reconheça esse tipo de liderança onde quer que possa ser encontrado na empresa. Como acontece com qualquer outro ativo valioso, líderes de empresas têm obrigação de desenvolver e usar esses energizadores éticos potenciais em tudo o que eles possam dar. Indivíduos competentes em motivar conduta ética nos demais devem ser identificados, premiados e designados para áreas de oportunidades ou necessidades importantes, como é feito com gerentes que possuem grandes talentos comerciais. Por sorte, promover liderança ética nas fileiras da administração não tem que entrar em conflito com a necessidade óbvia de promover a liderança comercial.

Qualidades do líder empresarial ético

Que tipos de pessoas devem procurar os responsáveis pelo desenvolvimento da liderança ética na empresa? As qualidades de líderes éticos identificadas em estudos sobre empresas dão algumas respostas à pergunta. Quase sem exceção, eles são excelentes homens de negócios. Conforme discutido antes, a empresa bem administrada e bem posicionada, capaz de atingir metas através de meios honrados, propicia um clima favorável à administração da ética empresarial. O segundo impacto que a forte capacidade empresarial pode produzir sobre a conduta ética envolve confiança. Quando empregados têm motivos para respeitar a competência empresarial dos líderes da firma, é mais provável que tenham confiança também na qualidade e continuidade de sua liderança ética.

Esta confiança na capacidade dos altos executivos, de prover liderança ética segura e válida, depende de certo número de qualidades pessoais relacionadas com a moral, e não só com a competência comercial. Os homens e mulheres que lideram as empresas incluídas neste estudo são também geralmente conhecidos por possuírem fortes escrúpulos morais e ter um senso para as questões éticas relevantes às operações comerciais da empresa. Em suma, são consideradas como pessoas que se preocupam realmente com a ética da empresa.

E, finalmente, os líderes aqui estudados são dotados de empatia. Demonstram capacidade de reconhecer e simpatizar com as opiniões e interesses que várias partes possam defender no tocante a ações específicas da companhia. Estão conscientes também dos riscos que indivíduos situados nos níveis mais baixos da empresa podem correr ao assumir posturas éticas. Como exemplo, quando os lucros de uma unidade operacional caíram muito em relação aos níveis previstos, durante uma época de fracos resultados da empresa, o fato do recolhimento de um produto defeituoso ou a eliminação de condições de trabalho perigosas terem sido a razão da queda dos negócios pode ser ignorada na atribuição de culpa a gerentes operacionais — a menos que considerações éticas sejam efetivamente respeitadas na companhia. Nas palavras da declaração de objetivos empresariais da Hewllet-Packard, "os empregados precisam ter fé nos motivos e integridade de seus colegas, gerentes, e da própria companhia". A capacidade do indivíduo de inspirar essa fé nos demais constitui a substância da liderança ética.

Há quem acredite que ter pessoal ético é a única e fundamental condição para que haja uma empresa ética. Esta avaliação pode ser correta no caso de uma companhia de santos. Mas, dada a fragilidade da natureza humana e as poderosas tentações dos resultados financeiros no moderno e competitivo mundo dos negócios, seria tolice que os líderes confiassem apenas nessa única dimensão. Para assegurar conduta ética na empresa eles precisam fazer mais do que isso. Precisam fornecer liderança moral através de compromisso com a ética e por sua sensibilidade e acessibilidade a assuntos morais de importância crítica, ligados às atividades da empresa. Precisam fornecer liderança estratégica e operacional válida, de modo que as unidades subordinadas possam atingir metas de desempenho aceitáveis de maneira ética. E precisam criar uma estrutura de políticas, procedimentos e práticas que estimulem o comportamento ético e desestimulem a má conduta.

Mas da mesma maneira que seria um erro se a alta administração concentrasse a atenção exclusivamente no caráter moral dos empregados, com exclusão de todos os demais fatores, também seria um erro lhe ignorar a importância. Contar com pessoal ético não é algo que aconteça automaticamente ou que a administração possa aceitar como coisa natural. Este patrimônio tem que ser deliberadamente desenvolvido e cuidadosamente cultivado como parte de uma campanha de longo prazo para administrar a ética na empresa. A alta administração faz isso ao recrutar pessoas dotadas de fortes convicções morais e ao rejeitar candidatos carentes neste sentido. Ela faz isso ajudando os empregados a vincular seus valores pessoais a suas funções no trabalho. E também premiando a conduta ética e colocando gente hábil em fornecer liderança moral em posições onde essa liderança possa produzir o maior efeito.

6

REALÇANDO O CARÁTER ÉTICO DA EMPRESA

Ao implantar ou elevar os padrões éticos de conduta na empresa, o alto escalão enfrenta certo número de dificuldades diferentes, quando comparadas com a situação de administrar um processo já em andamento. A primeira é a necessidade de *mudar* o pensamento e o comportamento interno, em vez de simplesmente preservar hábitos e compromissos de uma empresa já acostumada a padrões existentes. Os empregados precisam compreender o que se espera deles e as razões das novas metas. Têm que receber garantias de que as mudanças serão de seu melhor interesse, ou que pelo menos não os prejudicarão. E terão que desenvolver novos hábitos e atitudes. Outra provável dificuldade é a necessidade de adotar ou adaptar novas estruturas, políticas e rotinas que dêem suporte aos novos ou mais apurados padrões éticos. A administração terá que identificar o que precisa ser acrescentado, eliminado ou mudado. Terá também que levar em conta considerações como escolha do momento oportuno (com que rapidez agir), prioridades (em que ordem) e ênfase (onde deve aplicar mais esforços). A necessidade de fortalecer e adaptar as perícias administrativas e a capacidade de julgamento, a fim de adequá-las a preocupações éticas empresariais redefinidas, pode criar outra dificuldade.

Os capítulos anteriores, em sua maioria, examinaram como a ética na empresa é administrada como processo em vigor. Em um caso que descrevia uma tentativa de revitalizar e potencializar o compromisso da empresa com padrões éticos (Capítulo 2) vimos que a administração da CSI cometeu graves erros ao deixar de definir claramente seus objetivos, adotando o método que servia de modelo de ética da indústria sem tentar adaptá-lo às necessidades peculiares de sua empresa, e impondo a solução de cima, sem permitir que as pessoas afetadas contribuíssem para o processo. Esses fracassos são instrutivos porque mostram o que os altos administradores precisam fazer para dar base sólida ao desejado processo de mudança. Em primeiro lugar, têm que deixar claro para si mesmos e para os demais quais são suas preocupações e intenções. Em seguida, têm que dedicar tempo e recursos para obter uma compreensão plena das questões éticas relevantes para a firma, e elaborar as políticas e rotinas apropriadas para motivar o comportamento desejado. Por último, logo que construídos os alicerces, terão que transferir a responsabilidade por esses assuntos aos níveis operacionais, onde as atitudes e comportamento desejados devem funcionar no curso normal das atividades da firma.

As três considerações acima talvez pareçam óbvias ao leitor, mas não o são na prática. Ao contrário, como indicam experiências empresariais de uma natureza semelhante, é mais provável que o processo de mudança seja mais aleatório e forçado, muitas vezes como reação a traumas ou frustração, do que organizado e planejado.[1] A história das experiências da Texas Instruments na revitalização e elevação dos padrões éticos empresariais proporciona um exemplo raro de desenvolvimento organizado.

A Texas Instruments

No trabalho para fortalecer o compromisso operacional com a conduta ética, a alta administração da Texas Instruments agiu deliberada e corretamente, tratando de modo eficaz todas as três considerações necessárias ao aumento da compreensão e participação da empresa.

Deixando claras as intenções e preocupações da alta administração

Saturada por uma rica tradição de progressos técnicos e sucesso empresarial, a Texas Instruments (TI) orgulha-se também de sua conduta ética. Ainda é comum ouvir funcionários da TI fazendo referências aos fundadores, Eric Jonsson e Cecil Green, como indivíduos cujos valores estavam acima de qualquer censura. Em 1987, Jerry R. Junkins, na ocasião presidente e executivo-chefe e que logo depois se tornaria presidente do Conselho de Administração, iniciou um pronunciamento sobre ética no seguinte tom:

> A reputação de integridade da TI — de honestidade, tratamento justo, franqueza e respeito em todas suas transações comerciais — retroage à

época dos fundadores da companhia. Essa reputação é um patrimônio de valor inestimável. Grande parte do orgulho que todos sentimos em trabalhar na TI tem origem no fato de sabermos que esta companhia é respeitada por sua conduta ética.

Sobre a questão das prioridades entre as ambiciosas metas empresariais e a forte postura moral da firma, Pat Haggerty, uma força propulsora nos primeiros anos da TI, é lembrado como tendo dito: "Queremos jogar e usar todo o campo, mas não queremos ver ninguém jogar sujo."

Em meados da década de 80, a alta administração começou a sentir uma necessidade crescente de revisar e, possivelmente, revitalizar o método tradicional usado pela companhia para assegurar conduta ética aceitável. A força impulsora dessa preocupação crescente vinha de pressões que tinham origem dentro e fora da empresa.

Pressões externas

A indústria de defesa ganhou triste fama, no início da década de 80, à medida em que aumentavam na imprensa o número e a gravidade de denúncias sobre processos irregulares de compras e outras atividades ilegais. Em meados de 1985, o Presidente Reagan pediu a David Packard, presidente do Conselho de Administração da Hewllet-Packard e ex-Secretário de Defesa, que presidisse uma Comissão de Alto Nível sobre Administração de Defesa, que estudaria os problemas e faria recomendações para melhoramento da situação. Como uma das maiores empreiteiras de defesa da nação, a TI reconheceu sua vulnerabilidade ao crescente descontentamento público e às muitas medidas legislativas de amplo espectro que poderiam ser tomadas para impedir abusos ulteriores.

A Comissão Packard, apreensiva com as limitações dos regulamentos federais, recomendou a autogestão como a principal maneira de controlar práticas condenáveis na indústria. Em fins da primavera de 1986, representantes de 18 grandes empreiteiras de defesa reuniram-se e redigiram seis princípios para promover a conduta empresarial ética, que se tornaram conhecidos como Iniciativas sobre Ética e Conduta Empresarial da Indústria de Defesa, ou DII. (Ver Ilustração 6-1.) A liderança da TI concordou com a idéia predominante de auto-regulamentação e manifestou-se favorável às principais medidas propostas pela DII.[2] Essas medidas pediam não só certas providências específicas, mas estimulavam também um amplo exame de consciência no tocante a padrões éticos e aos meios de implantá-los.

Pressões Internas

O interesse da empresa em reexaminar a conduta ética foi também em parte instigado pelo seu grande crescimento. Um ex-vice-presidente graduado do Grupo de Sistemas de Defesa e Eletrônica (DSEG) descreveu o problema da seguinte maneira:

1. Todas as companhias terão que cumprir um código formal de ética e conduta nos negócios.

2. O código de ética estabelece os altos valores esperados dos empregados e o padrão pelo qual eles deverão julgar sua própria conduta e a da companhia; todas as companhias treinarão seu pessoal a respeito de suas responsabilidades pessoais nos termos do código.

3. Todas as companhias criarão uma atmosfera livre e aberta, que permita e estimule os empregados a comunicar violações do código aos seus superiores, sem receio de punição pela comunicação feita.

4. Todas as companhias têm a obrigação de adotar fiscalização estrita de suas próprias atividades, acompanhando o cumprimento das leis federais relativas a compras pelo governo e adotando procedimentos para denúncia voluntária de violações de leis federais sobre compras, e as medidas corretivas tomadas.

5. Todas as companhias têm responsabilidade com as demais companhias, de operar de acordo com padrões de conduta que preservem a integridade da indústria de defesa.

6. Todas as companhias terão que assumir responsabilidade pública pelo seu compromisso com estes princípios.

Ilustração 6-1 Princípios da Iniciativa da Indústria de Defesa

Fonte: "Conduct and Accountability, A Report to the President by the President's Blue Ribbon Commission on Defense Management", junho de 1986, p. 42.

> Quando fui trabalhar para a TI em 1962, toda a companhia empregava umas 18.000 pessoas. Hoje, tenho mais de 6.500 subordinadas a mim. No dia seguinte à minha contratação, passei várias horas com o presidente e o que mais recordo é que ele disse: "Você não tem que fazer negócios com pessoa alguma que requeira que você minta, engane ou roube. Simplesmente, deixe a sala." À medida que crescemos, como é que eu posso produzir o mesmo impacto, de modo que o cara que saia pela minha porta ainda se lembre do que eu disse, 26 anos depois?

Sam Self, controlador financeiro do grupo DSEG, deu alguma idéia da natureza da dificuldade ao descrever a hierarquia da empresa, recorrendo à figura de um triângulo.

> No alto, está Jerry Junkins. Nosso presidente de grupo e os vice-presidentes do DSEG conhecem Jerry e sabem o que é e não é aceitável. A centena de gerentes de programas no nível imediatamente abaixo conhece os vice-presidentes e obtém uma idéia bastante clara do que são esses limites e da conduta esperada. Mas, descendo aos chefes de seção da primeira linha de produto e, finalmente, aos 23.000 "fazedores", torna-se cada vez menor a compreensão do que é aceitável.

Este comentário referia-se a um único grupo da companhia. No caso da TI como um todo, o número de pessoas envolvidas era três vezes maior.

Medidas tomadas como reação a graves problemas empresariais, em fins da década de 70 e princípios da de 80, enfraqueceram ainda mais a confiança da empresa no compromisso autêntico da TI com a integridade e o respeito pelos empregados. Os efeitos secundários de tudo isso continuavam evidentes anos depois, como se depreende do comentário seguinte de um gerente graduado: "Tivemos algumas dispensas maciças de empregados, envolvendo de 2.000 a 3.000 indivíduos. A despeito do trabalho feito para aliviar a dor, a companhia magoou um bocado de pessoas. Lembramo-nos disso como tendo sido um fracasso." Embora ninguém tenha confessado que "jogou sujo", vários executivos descreveram como excessiva a pressão que a direção do grupo de semicondutores aplicou na época para melhorar o desempenho.

Diante da crescente atenção da indústria em geral à ética, da necessidade de adaptar seu legado ético às necessidades de uma empresa imensamente maior e de medidas recentes que abalaram a confiança dos empregados na administração, os altos executivos da TI realizaram discussões freqüentes durante todo o ano de 1986 com o intuito de analisar possíveis medidas que pudessem fortalecer o compromisso da companhia com valores éticos básicos. Essas discussões permitiram que a alta administração esclarecesse seu entendimento acerca do desafio que a TI enfrentava e chegasse a uma decisão comum para a ação. Em princípios de 1987, foi tomada a decisão de criar uma Diretoria de Ética, como "câmara de compensação" para esses assuntos, com a responsabilidade de desenvolver a consciência ética da empresa.

Compreender os problemas e adotar as políticas e práticas apropriadas

A decisão inicial da administração superior de qualquer empresa de aprimorar a conduta ética exige informações adicionais sobre a natureza do desafio e as perícias e métodos necessários para promover o compromisso coletivo da empresa. A seleção do quadro de apoio apropriado, a definição correta das funções desse grupo e a participação da cúpula da empresa são fundamentais. A TI tirou boas notas em todos esses aspectos.

O diretor de ética da TI

A pessoa escolhida para servir como primeiro Diretor de Ética da TI foi Carl Skooglund, um vice-presidente que viera trabalhar para a Texas Instruments em 1965 após deixar a Westinghouse. Ao longo dos anos, assumira várias responsabilidades em pesquisa e operações, servindo como gerente do departamento de circuito integrado de lógica digital e gerente da divisão de materiais da TI. Em 1985, Skooglund recebeu a responsabilidade de dirigir um programa para promover a conscientização e o compromisso com a qualidade no Grupo de Semicondutores da TI. Este trabalho colocou-o em contato com certo número de unidades empresariais da companhia e lhe exigiu habilidade para obter cooperação de indivíduos extremamente ocupados em todos os níveis da empresa. O sucesso em dirigir esse trabalho tornou-o candidato óbvio para o cargo de Diretor de Ética. Cordial, de trato fácil, fortes princípios morais, engenhoso, Skooglund é pessoa muito estimada. Imaginativo e bem organizado, é também altamente respeitado.

Nomeado Diretor de Ética da TI em maio de 1987, Skooglund é subordinado a uma Comissão de Ética que, por seu turno, presta contas à Comissão de Auditoria da diretoria. O grupo de apoio de Skooglund inclui um gerente, altamente experiente em comunicações e treinamento, e uma secretária.

A função do Diretor de Ética

Simultaneamente ao anúncio oficial da nomeação de Carl Skooglund como Diretor de Ética, Junkins fez um pronunciamento sobre o assunto que foi gravado em videotape e distribuído em toda a TI. Em seguida à referência aos canais tradicionais para tratar de assuntos éticos — o chefe imediato do empregado, níveis superiores da administração e o serviço jurídico da empresa — o pronunciamento descrevia a função especial que o novo Diretor de Ética exerceria no futuro.

Recentemente, abrimos um quarto canal que é muito importante — o Diretor de Ética da TI. Empregados que tenham perguntas a fazer ou dúvidas a respeito de conduta ética devem usar esse canal confidencial para levar as questões ao conhecimento da alta administração. Esse meio permitirá que os empregados recebam respostas às suas perguntas e possibilitará à administração tomar quaisquer medidas que sejam necessárias para ter certeza de que os padrões da empresa estão sendo cumpridos.

Em sua função de canal confidencial, Skooglund tinha plena liberdade para servir de intermediário entre a alta administração da empresa e as gerências operacionais durante o sensível período de transição. Ele começou dando voz à empresa através de vários meios. O ponto de partida consistiu em descobrir o que os empregados da TI entendiam por ética e os tipos de problemas que os preocupavam. A fim de obter esta informação, contratou consultores experimentados em comunicações com empregados a fim de realizar pesquisas concentradas em grupos representativos. Seis grupos de oito a doze empregados reuniam-se por duas horas para responder a perguntas com resposta livre, bem como perguntas diretas. (Dois grupos adicionais de empregados de outras firmas locais de eletrônica foram incluídos para fins de referência.)

As descobertas principais foram simultaneamente consoladoras e perturbadoras para Skooglund. Os pontos positivos incluíam:

- Os empregados têm orgulho da empresa. Sentem-se bem com os altos padrões da TI.
- Os empregados acham que a alta administração leva em conta as necessidades deles a curto e longo prazo.
- Nenhuma desobediência geral das regras foi focalizada pelos grupos representativos.
- Os empregados querem fazer o que é certo.
- A ética é considerada como uma ampliação de valores — "bom senso, certo ou errado... a maneira como fomos criados".

Os problemas potenciais incluíam falta de conscientização e mesmo de interesse pelos assuntos éticos:

- Pouco interesse pela questão da ética empresarial.
- Aceitação dos altos administradores como líderes capazes, mas com pouca conscientização das opiniões dos empregados.
- Os empregados identificam os gerentes de nível médio, vendas, marketing e pessoal de finanças como os que têm maior probabi-

lidade de aplicar pressões que levam a pequenas infrações das regras — sendo que a principal entre elas é a necessidade de conquistar novos clientes e entregar o produto no devido tempo, dentro da programação.

- Os engenheiros confiam em rotinas, contando com o sistema para identificar qualquer fracasso ou infração de regras.
- Alguns empregados acreditam que seus cargos não envolvem decisões éticas.
- Quase todos os empregados temporários rejeitam a idéia de que desempenhem qualquer papel na conduta ética da TI.
- A idéia de treinamento ético *per se* é muitas vezes rejeitada. Alguns julgam-no desnecessário (confiando, mais uma vez, em sistemas), impossível de ensinar (não há maneira de resolver todas as contingências) e irrelevante (a TI não tem problemas éticos).

Para Skooglund, outra importante fonte de informação a respeito dos interesses dos empregados era a rede de comunicações da Diretoria de Ética. Esta rede permite que empregados se comuniquem diretamente com ele através de três maneiras: 1) uma linha telefônica gratuita com um número fácil de lembrar — (800)33-ETHIC; 2) um comando em terminal de computador, com anonimato garantido, para mensagens; e 3) uma caixa postal especial. A classificação de confidencial das mensagens é enfatizada, conforme indicado na seguinte publicidade da ligação por computador: "A origem da mensagem não pode ser rastreada, nenhuma cópia é impressa, a transmissão não aparece no *log* do terminal e a mensagem só pode ser encaminhada a um único terminal — o que está na mesa do Diretor de Ética."

A rede de comunicações da Diretoria de Ética foi, de várias maneiras, ativamente promovida em toda a empresa. A fim de ajudar a personalizar o serviço, pôsteres mostrando Carl Skooglund foram amplamente distribuídos. (Ver Ilustração 6-2.) Mais de um quarto dos 300 pedidos de informação registrados nos dois primeiros anos do programa referiram-se a questões sobre a ética de situações específicas e às políticas da TI.

Em fins de 1988, a Diretoria de Ética enviou por correio um formulário de pesquisa de opinião de oito páginas, sobre conscientização do que era ética, às residências de 2.700 empregados da TI. Os respondentes foram selecionados de acordo com uma base estatística de amostragem. Os objetivos da pesquisa foram listados na seguinte ordem de prioridade: 1) como instrumento de diagnóstico para ajudar a focalizar o trabalho de

Ilustração 6-2 Cartaz da Diretoria de Ética

comunicações; 2) como uma linha-base para acompanhar mudanças no tempo; 3) como um banco de dados mais amplo para confirmar resultados anteriores; e 4) como mais um meio para elevar a conscientização entre os respondentes. Excertos do questionário de pesquisa constam da Ilustração 6-3. Segundo Skooglund, as respostas revelaram aumento de conscientização de questões éticas em conexão com os assuntos da TI, mas, fora isto, confirmaram resultados anteriores.

Tempo suficiente

Embora ansiosa para seguir adiante com os planos, a alta administração reconheceu a necessidade de não se precipitar na introdução dos tipos de mudanças desejadas numa empresa tão vasta e complexa como a TI. Skooglund evidentemente percebeu a prioridade da perfeição sobre a rapidez na implantação do sistema. A continuação do trabalho de pesquisa durante quase 18 meses dá alguma indicação do ritmo medido adotado. Simultaneamente, ele começou logo a introduzir treinamento e outras atividades relativas ao envolvimento da empresa na fase de aprendizagem, de modo a manter o entusiasmo e o impulso que a alta administração gerara no início.

A participação da alta administração na aprendizagem

Administradores graduados participaram da elaboração do programa de ética e foram regular e plenamente informados de seu progresso. Eles reviam os resultados dos inquéritos e recebiam de Skooglund *feedback* regular a respeito dos problemas que ele e seus planos de ação enfrentavam. O trabalho desses administradores em resolver problemas espinhosos que Skooglund lhes passava proporcionou-lhes também uma poderosa experiência de aprendizagem. Algumas das questões forçaram-nos a rever seu pensamento sobre rotinas em vigor e outras abriram novas áreas de interesse em seus pensamentos. As oportunas e bem pensadas respostas da alta administração às preocupações dos empregados e a outras questões inesperadas serviram de poderoso reforço do anúncio inicial do compromisso da empresa com a ética nos negócios.

1a

De modo geral, como está sua compreensão dos padrões éticos da TI?

Muito fraca		Razoável		Muito boa			
1	2	3	4	5	6	7	KP1

1d

Na medida em que você pode saber, com que perfeição a TI corresponde a esses padrões éticos no dia-a-dia?

De maneira nenhuma		Mais ou menos		Integralmente			
1	2	3	4	5	6	7	KP4

5

Pensando em empregados que desempenham as funções abaixo, de que maneira você classificaria as opções éticas que eles fazem geralmente no emprego, em termos dos padrões éticos da TI.

	Baixos padrões éticos			Moderados padrões éticos		Altos padrões éticos		
Engenheiros	1	2	3	4	5	6	7	KP22
Controle financeiro	1	2	3	4	5	6	7	KP23
Marketing	1	2	3	4	5	6	7	KP24
Manufatura	1	2	3	4	5	6	7	KP25
Administração de nível médio	1	2	3	4	5	6	7	KP26
Altos funcionários e executivos	1	2	3	4	5	6	7	KP27
Atividades burocráticas	1	2	3	4	5	6	7	KP28
Pessoal	1	2	3	4	5	6	7	KP29
Compras	1	2	3	4	5	6	7	KP30
Controle de qualidade	1	2	3	4	5	6	7	KP31
Segurança	1	2	3	4	5	6	7	KP32
Técnicos	1	2	3	4	5	6	7	KP33
Seu chefe imediato	1	2	3	4	5	6	7	KP34

7

As perguntas seguintes destinam-se a determinar se certas situações devem interessar a TI, como empresa. No caso de cada situação, há uma série de três perguntas a serem respondidas. Por favor, faça um círculo em torno de um número, no caso de cada uma das três perguntas.

Situação 1: Um empregado da TI consome drogas ilegais em casa.

A: Em que medida deve a TI interessar-se por essa questão?

Nenhum interesse 1 2 3 4 5 6 7 Grande interesse KP36

B: Em que medida julga que a TI trataria com justiça essas situações?

Injustamente 1 2 3 4 5 6 7 Razoavelmente KP37

C. Qual a extensão de seus conhecimentos sobre a política da TI a respeito de situações como essa?

Nenhum conhecimento 1 2 3 4 5 6 7 Pleno conhecimento KP38

9 ---

Abaixo são listadas algumas situações que exigem decisões éticas. Estamos interessados no que você acha que os empregados da TI fariam. Faça um círculo em volta do número que corresponde mais de perto ao que acredita que seria o comportamento de empregados da TI.

A. Exageria os fatos em um formulário de inscrição para emprego.

Nunca			Às vezes		Com muita freqüência		
1	2	3	4	5	6	7	KP52

B. Esconderia um caso de custos superiores aos previstos que o deixariam mal.

Nunca			Às vezes		Com muita freqüência		
1	2	3	4	5	6	7	KP53

11 ---

Se você por acaso descobrisse um problema ético (como, por exemplo, a violação dos padrões de conduta da TI por alguém) no trabalho, com que probabilidade o discutiria com:

	Nunca			Às vezes			Quase sempre	
A. Com um amigo no trabalho?	1	2	3	4	5	6	7	KP65
B. Com seu chefe?	1	2	3	4	5	6	7	KP66
C. Com o chefe de pessoal?	1	2	3	4	5	6	7	KP67
D. Com o Diretor de Ética da TI?	1	2	3	4	5	6	7	KP68
E. Com um gerente mais graduado em sua divisão?	1	2	3	4	5	6	7	KP69
F. Alguma estranho a TI (amigo íntimo ou membro da família)?	1	2	3	4	5	6	7	KP70
G. Departamento Jurídico da TI?	1	2	3	4	5	6	7	KP71
H. A pessoa implicada?	1	2	3	4	5	6	7	KP72

17 ---

Em sua opinião, que importância tem para a TI manter uma Diretoria de Ética?

Nenhuma importância			Sem opinião		Vitalmente importante		
1	2	3	4	5	6	7	KP83

Ilustração 6-3. Excertos de um inquérito de ética da TI, realizado em 1988

Obtendo participação e compromisso na empresa

Como acontece com a maioria das grandes empresas, a TI já instituíra um conjunto refinado de mecanismos para definir o que era conduta aceitável e garantir o cumprimento das regras. Políticas e procedimentos que se aplicavam a uma grande faixa de assuntos relacionados com ética podiam ser encontrados no seu Manual de Políticas e Procedimentos Padrão e no Manual de Pessoal. Os mais importantes constavam de um folheto de 24 páginas, publicado em 1961 e revisado em 1968, 1977, 1987 e novamente em 1990. Analogamente, medidas para assegurar o cumprimento das normas já eram na maior parte operacionais em procedimentos regulares de auditoria e práticas normais de supervisão.

Entretanto, por melhores que essas políticas e rotinas pudessem ser, a alta administração precisava tomar medidas que sinalizassem uma mudança no *status quo* e estimulassem a criação de padrões aprimorados de conduta. Esse esforço para despertar um compromisso geral na TI incluiu palestras inspiradoras, treinamento e publicação de material de apoio.

Palavras de inspiração

Junkins e outros altos executivos aproveitaram todas as oportunidades para explicar e promover a maior atenção da TI à ética nos negócios. De grande valor neste particular foi a distribuição, em toda a empresa, de um videotape anunciando a nova iniciativa ética. Na fita, Junkins reafirmava o compromisso da TI com uma "conduta nos negócios que esteja de acordo com os mais altos padrões éticos e jurídicos" e transferia a todos os empregados essa responsabilidade.

> Que ninguém se engane. Não vamos permitir que a meta de mais vendas, maior faturamento ou mais lucros... distorça nossos princípios éticos. Sempre colocamos, e sempre colocaremos, a integridade à frente das entregas, à frente dos lucros, à frente de tudo. Se a questão for escolher entre o lucro desejado e fazer o que é certo, vocês não terão opção. Façam o que é certo. Temos que fazer certo, em todos os detalhes. Não são aceitáveis acomodações convenientes ou atalhos para ganhos a curto prazo.
>
> Resolver um conflito sobre conduta ética é uma questão de responsabilidade pessoal. Não cabe esperar — nem é permitido — que alguém se conduza de maneira que viole sua integridade pessoal. Todos vocês têm não só o direito, mas a obrigação, de questionar e procurar esclarecimento sobre questões éticas que surjam no ambiente de trabalho. Vocês devem questionar qualquer situação até que estejam inteiramente convencidos de

que são capazes de entendê-la, de compreender a política apropriada da TI — até que estejam convictos de que a política da empresa está sendo aplicada corretamente.

O Compromisso da TI

Missão

A Texas Instruments existe para criar, fabricar e vender produtos e serviços úteis para satisfazer as necessidades de clientes em todo o mundo.

Princípios

Atingiremos esse objetivo com "Excelência em tudo que fizermos".

. Trabalharemos com inquestionável ética e integridade
. Atingiremos a meta de satisfação do cliente, com qualidade total. Seremos uma líder de classe mundial em tecnologia/manufatura
. Teremos crescimento rentável/retorno justo dos ativos
. Realizaremos melhoramentos contínuos, com progresso mensurável
. Seremos um bom cidadão empresarial

Valores

Esperamos o mais alto nível de desempenho e integridade de nosso pessoal. Criaremos um ambiente no qual as pessoas serão valorizadas como indivíduos e tratadas com respeito e dignidade, justiça e igualdade. Trabalharemos para criar oportunidades para que elas se desenvolvam, alcancem seu pleno potencial e atinjam seus objetivos profissionais e pessoais.

TEXAS INSTRUMENTS

Ilustração 6-4 O Compromisso da TI

Outro fato importante entre as providências tomadas pela alta administração para inspirar o compromisso da empresa foi a publicação, em 1988, de uma declaração descrevendo a missão da TI, princípios operacionais e valores (ver Ilustração 6-4). Esta publicação, aproximadamente um ano depois do lançamento do programa de ética, refletia as demoradas discussões realizadas entre os altos administradores da empresa quanto ao conteúdo e fraseado da declaração.

Treinamento

Pouco depois de ter assumido o cargo de Diretor de Ética da TI, Skooglund instituiu um programa de treinamento para assalariados que trabalhavam nas unidades da empresa ligadas a contratos de defesa. Uma palestra de três horas explicou as razões da criação da nova Diretoria de Ética, passou em revista a publicação "A Ética nos Negócios da TI" e lembrou aos participantes a existência de linhas de comunicação com a nova Diretoria. Aproximadamente 12.300 assalariados compareceram a um dos 53 seminários que Skooglund e altos administradores do ramo de defesa da TI realizaram em várias instalações da empresa, de meados de 1987 até fins de 1988. Quando o programa estava chegando ao fim, a Diretoria de Ética começou a oferecer uma série de sessões temporárias de treinamento para empregados que trabalhavam também em unidades ligadas à defesa, focalizando-se em problemas que o pessoal técnico e de manufatura pro- vavelmente enfrentaria. Esse programa de 90 minutos foi organizado de modo a permitir que as próprias unidades operacionais se incumbissem das sessões de treinamento. Cerca de 25.000 dos 30.000 empregados elegíveis participaram do programa nos vários anos que se seguiram. Em 1993, planos estavam sendo elaborados para uma rodada de recapitulação do treinamento.

Material publicado promovendo a ética

Em fins de 1988, a empresa publicou e distribuiu 40.000 folhetos, contendo 16 das perguntas e respostas mais pertinentes sobre assuntos éticos que haviam emergido das comunicações dos empregados com a Diretoria de Ética. Segundo Skooglund, a idéia da publicação coube a Junkins, que achava útil que essas informações fossem conhecidas por toda a comunidade da TI. O folheto resultante, em papel acetinado, continha também folhas destacáveis, em tamanho de cartão de visita, para consulta fácil quanto às diretrizes éticas da empresa. (Os dois lados de um desses cartões são reproduzidos na Ilustração 6-5.)

Em princípios de 1989, a Diretoria de Ética distribuiu um livro de referências a todos os funcionários da TI que ocupavam cargos em que podiam transmitir mensagens de natureza ética a empregados e estranhos à companhia. O público-alvo incluía todos os gerentes em nível de departamento, editores de publicações, pessoal de treinamento e recrutamento, vendedores, redatores de discursos, especialistas em relações públicas e publicidade e todos os funcionários que pronunciavam palestras públicas.

A "Introdução" explicava a razão do "livro de idéias" em folhas arquivadas numa pasta de três furos.

A Diretoria de Ética 800.33-ETHIC

TESTE RÁPIDO DE ÉTICA

Esta ação é legal?
Está de acordo com nossos valores?
Se fizer isto, vai sentir-se mal?
Como o que você fez aparecerá nos jornais?
Se achar que é errado, não faça.
Se não tiver certeza, pergunte
Continue a perguntar até obter resposta

A Diretoria de Ética 800.33-ETHIC

ONDE ENCONTRAR RESPOSTAS ÉTICAS

- Fale com seu chefe
- Entre em contato com o Departamento do Pessoal
- Use a porta aberta
- Ligue para o Departamento Jurídico
- Entre em contato com a Diretoria de Ética

Ilustração 6-5 O Cartão de visitas da Diretoria da Ética da TI

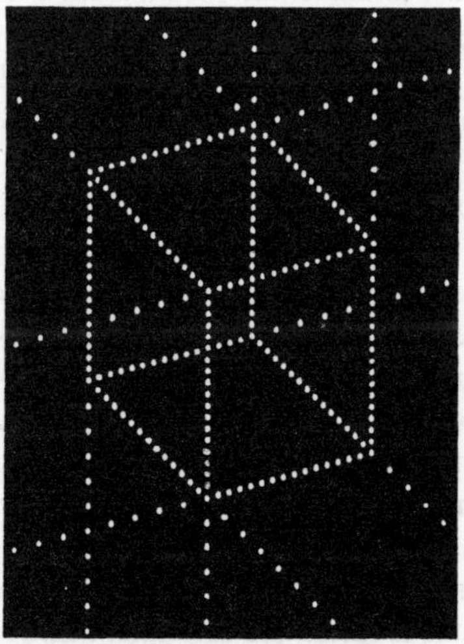

Ilustração 6-6 A Pedra Fundamental

Os empregados da TI vão ouvir muita coisa sobre ética — através de brochuras suplementares, cartazes, vídeos e reuniões. A mensagem da boa ética, porém, terá que parecer, em primeiro lugar e acima de tudo, como parte natural do nosso trabalho.

Em suma, a maneira mais importante e significativa para o pessoal da TI receber informações sobre o compromisso da empresa com a conduta correta nos negócios é através de você, o comunicador. Isto porque suas comunicações constituem uma parte normal da TI... Exatamente como a boa ética.

Paralelamente ao trabalho para introduzir discretamente a mensagem ética nas comunicações normais, foi feito outro para dar à ética um símbolo característico, que "rompesse" com a literatura normal da empresa e resultasse em reconhecimento mais profundo da mensagem. Com esse fim em vista, foi escolhida e divulgada a "Pedra Fundamental", mostrada na Ilustração 6-6. Um folheto com as palavras "pedra fundamental" e seu desenho na capa explicava a escolha do símbolo. "O que é uma pedra fundamental? É a parte mais importante de qualquer alicerce. A base sobre a qual tudo é construído. Na Texas Instruments, a pedra fundamental de nossa empresa é a ética, bons princípios éticos que fizeram de nós o que somos..."

O folheto abordava perguntas e respostas sobre grande variedade de tópicos éticos de interesse prático para os empregados da TI. Edições subseqüentes do *Pedra Fundamental* focalizaram a atenção sobre áreas específicas de preocupações éticas: presentes aos empregados, viagens, divertimentos pagos por clientes (publicado em 1989); direitos dos empregados e do empregador (1990); contratos de defesa com o governo dos Estados Unidos (1991); e liderança ética (1992). As perguntas abaixo são ilustrativas da cobertura do material publicado:

- O que a TI acha de seus empregados usarem drogas?
- Um fornecedor em outra parte do país convidou-me para examinar uma peça de um novo equipamento em sua fábrica. Como eu realmente não posso justificar essa despesa, ele se ofereceu para custear a viagem. Tudo bem com relação a isso?
- Muitas companhias aéreas, hotéis e empresas de aluguel de carros têm programas de Viajante Habitual, que me permitiriam obter viagens gratuitas, aluguel de carros e estadas em hotel para meu pessoal, através dos créditos que acumulei como resultado de minhas viagens de negócios para a TI. A empresa me permite fazer isso?
- Uma empresa local me convidou para trabalhar para ela em meu tempo livre, fazendo programação de computador. Este fato colide com a política da TI?
- Meu status no emprego seria afetado, se eu enviasse uma carta ao jornal local contestando alguma política ou rotina da TI?
- Um velho amigo meu assumiu recentemente um cargo influente na agência DoD, com a qual a TI tem negócios. Nossas famílias freqüentemente estão juntas durante as férias de Natal e trocam presentes. Como devo encarar esta situação?

O sucesso desse formato levou Skooglund a veicular semanalmente artigos sobre ética no jornal eletrônico mundial da TI. Ao promover esse meio de comunicação, o *Ethics Tool Box (Caixa de Ferramentas de Ética),* um folheto que fornece um apanhado de todas as fontes organizadas de informação para os empregados da TI, declara: "Estes artigos tratam de uma grande variedade de assuntos, de importantes questões atuais a informações de natureza geral, de respostas a perguntas sobre as linhas de comunicação a conselhos e informações sobre a ética da TI." Uma coletânea de artigos publicados em números anteriores, intitulada *Instant Experience*, pode ser obtida junto a Diretoria de Ética, dando aos empregados da TI a oportunidade de saber exatamente o que foram, nos últimos anos, as perguntas sobre ética e suas respectivas respostas.

Em 1993, o trabalho da TI para reforçar o compromisso dos empregados com altos padrões de conduta ética foi geralmente reconhecido como trabalho em andamento bem-sucedido. Curiosamente, a principal razão do sucesso inicial continha também as sementes de sua possível erosão. Segundo Skooglund, a forte participação da cúpula da empresa no programa de ética elevou as expectativas de numerosos empregados a um nível excessivo, destarte abrindo a porta para decepções quando essas expectativas deixaram de se concretizar. Em muitos casos, a razão do desapontamento foi receber do Diretor de Ética a mesma resposta ou conselho dados pelo chefe de seção do empregado. Na opinião de Skooglund, a crescente familiaridade dos empregados com os padrões éticos da TI e a conscientização cada vez maior dos efeitos positivos sobre o clima organizacional consolidarão com o tempo, em uma base mais firme, grande parte do entusiasmo inicial.

Processo de mudança para a ética na empresa

Embora as circunstâncias sejam forçosamente diferentes entre organizações individuais, o método da TI para aumentar o compromisso da empresa com a conduta ética proporciona um modelo básico válido para uso geral. A decisão da alta administração de elevar o caráter ético da firma constitui o primeiro passo, de importância fundamental. Uma vez que a necessária compreensão sobre como os problemas devem ser tratados — e a importância que têm — se desenvolvem normalmente ao longo do tempo com discussões e experiência, é essencial que os altos executivos mantenham a mente aberta durante essa fase. A fim de impedir que os empregados façam uma interpretação equivocada, vendo a mente aberta como dúvida ou falta de direção, a alta administração precisa tomar o cuidado de demonstrar uma firme determinação com relação à finalidade geral, deixando ao mesmo tempo espaço para aprender e adaptar-se no que concerne a questões e medidas específicas.

O passo seguinte consiste em definir os objetivos do programa ético, formular as políticas e práticas apropriadas e coordenar os vários esforços. Muitas empresas cometem o erro de imitar o que uma ou mais firmas com reputação de éticas parecem estar fazendo ou dizem que estão fazendo. O problema é que considerações de formato, de importância crítica, não são necessariamente visíveis e podem ser omitidas. Além do mais, o trabalho de iniciar ou reformular um programa ético é muito difícil, e as firmas individuais muito diferentes, de modo que em geral tornam a imitação direta um método de pouco valor e, às vezes, até mesmo contraproducente.

Finalmente, a responsabilidade pelo cumprimento e compromisso empresarial precisa ser transmitida de cima para baixo através das fileiras. Esta delegação de competência é de importância crítica para criar uma força motivadora capaz de saturar toda a empresa. Os gerentes de linhas operacionais são os que estão em melhor posição para adotar e adaptar procedimentos relativos a operações específicas. Além do mais, conforme tivemos oportunidade de ver, o chefe direto do empregado desempenha freqüentemente um papel fundamental no estabelecimento do tom moral do ambiente profissional.

Embora este método possa parecer simples, e talvez até mesmo fácil, essas impressões estão longe de ser corretas, como revela a seguinte avaliação dos esforços da General Dynamics Corporation para montar um programa de ética.

Recuperando Firmas com Problemas Éticos

Em meados de 1985, o Secretário da Marinha, John Lehman, suspendeu contratos com duas divisões da General Dynamics por cobrança de preços abusivos em contratos de defesa, cancelou dois contratos relativos a mísseis no valor de 22,5 milhões de dólares e multou a companhia em 676.283 dólares por dar presentes ao almirante Hyman Rickover, na ocasião diretor do programa do submarino Trident.[3] No dia seguinte, a companhia anunciou que o presidente do Conselho de Administração e executivo-chefe, David Lewis, se aposentaria no final do ano. O vice-presidente do Conselho de Administração da TRW, Stanley Pace, apelidado pela imprensa de "Sr. Honestidade", foi escolhido para substituir Lewis. Uma das primeiras medidas do futuro presidente foi encomendar um Programa de Ética, para aplicação em toda a empresa, com o objetivo específico de pôr em prática Padrões de Negócios e Conduta Ética.

Superficialmente, o trabalho subseqüente feito na General Dynamics para instituir os padrões de negócios e conduta éticos parecia idêntico ao da TI. Um membro do quadro de pessoal encarregado de implementar o Programa de Ética na Divisão Eletrônica relatou o seguinte:[4]

> O plano foi implementado em quatro fases: a) uma reunião de planejamento de alto nível, b) a nomeação de diretores de Ética no nível de divisão, c) a seleção e preparação de treinadores internos, e d) o treinamento de todos os empregados da empresa no que diz respeito a padrões e expectativas.
>
> * * *
>
> As sessões de treinamento tinham quatro horas de duração para empregados assalariados e profissionais de nível superior, e duas horas para os demais funcionários. Além de abranger o estudo das regras, a sessão de treinamento foi projetada para aguçar a conscientização dos empregados com relação a dilemas éticos comuns e ao modo de enfrentá-los.
>
> * * *
>
> Em 1985, a Diretoria criou a Comissão de Responsabilidade Empresarial com a intuição de reestudar a eficácia do Programa de Ética e receber relatórios sobre sua aplicação. Além da Comissão, o presidente do Conselho de Administração e o executivo-chefe criaram o Grupo Executivo de Ética Empresarial com o objetivo de prestar assessoria sobre a implementação do programa. O Grupo Executivo analisou as políticas, procedimentos e práticas e fez recomendações sobre melhoramentos. Este grupo era composto de chefes de departamentos funcionais, tais como o Jurídico, Recursos Humanos, Auditoria Interna, Contratos e Formação de Preços, Relações Internacionais e Controle Financeiro.
>
> * * *
>
> Além do treinamento, o âmbito de aplicação e a importância fundamental do Programa de Ética foram comunicados a todos os empregados em numerosos artigos publicados nos jornais da empresa.

Além do mais, segundo a mesma fonte, o Diretor de Ética da General Dynamics era em geral reconhecido como um administrador altamente competente, de integridade a toda prova.

Um grupo de cinco administradores, que teve experiência de primeira mão com o planejamento e implementação do Programa de Ética na

Divisão Eletrônica (referido como o grupo de planejamento), concordou em que "o programa foi devidamente planejado, o compromisso dos altos administradores com relação a ele foi forte, a sua administração foi apropriada, e adequada a comunicação de seus objetivos".

A despeito dessas conclusões animadoras, foram contraditórias as avaliações de seus resultados. Por um lado, julgou-se o Programa de Ética eficaz e bem-sucedido em conseguir que os empregados cumprissem as regras e padrões de conduta. Como prova, "o grupo de planejamento... citou o uso dos vários canais para queixas e pedidos de informação, altos níveis de confiança dos empregados no programa, justas e oportunas investigações e medidas corretivas apropriadas e novas atitudes dos empregados em relação ao cliente e às relações públicas. Três respondentes observaram que a companhia não se envolvera nos três últimos grandes escândalos implicando empreiteiras que trabalhavam para o governo. Funcionários do governo tendiam a apoiar a alegação de que o Programa de Ética da General Dynamics tivera sucesso".[5] Foi também lembrado que este Programa adquirira caráter permanente e que não seria suspenso sem provocar graves repercussões.

Por outro lado, um grupo de dez empregados de formação superior e cinco empregados horistas, que haviam sido escolhidos para representar a maneira como o pessoal encarava o Programa de Ética, criticava duramente os resultados.

> O grupo concordou unanimemente em que o programa não correspondeu às expectativas de seus componentes. As deficiências citadas foram observadas nas áreas de respeito no tratamento dos empregados pelos seus chefes, atenção da administração às queixas dos empregados, responsabilidade da supervisão com subordinados, programas da empresa para recompensá-los e comunicações francas e honestas entre chefes e empregados e entre departamentos...
>
> * * *
>
> Doze dos 15 membros acharam que o programa era uma impostura, "simplesmente uma mão-de-cal para apresentar uma falsa fachada ao governo". Os três membros restantes poderiam, com toda probabilidade, ser caracterizados como neutros, e não como positivos, em relação ao programa. O grupo concordou unanimemente em que o programa nada fizera para promover o bem-estar dos empregados da companhia.[6]

O estudo observou também que numerosos empregados, por medo de represálias, foram relutantes em comunicar possíveis ações antiéticas.

De acordo com esses resultados, o Programa de Ética fracassou claramente em um aspecto importante: "Os executivos da General

Dynamics não conseguiram estabelecer um clima de confiança com os seus empregados."[7] O estudo lança luz sobre algumas importantes possíveis razões desse fracasso. Para começar, a General Dynamics não tinha tradição de interesse por seus empregados. Em 1986, "menos de um terço de respondentes a um inquérito em toda a empresa classificaram seus chefes de divisão como bons ou muito bons em sentir interesse autêntico por seu bem-estar. E apenas um quarto dos respondentes em toda a empresa acharam que havia na firma uma atmosfera cooperativa".[8] No que não é de surpreender, os altos administradores relutavam em mudar a estrutura de poder, claramente delineada da hierarquia em três níveis da empresa, compreendendo executivos, elementos de formação superior e pessoal administrativo e trabalhadores comuns. Em conseqüência, pressões por mudança vinham quase que exclusivamente de fora e diziam respeito principalmente a negócios da companhia com estranhos.

Vários fatores impediam o novo presidente do Conselho de tratar eficazmente de questões éticas relativas à maneira como empregados deviam ser considerados e tratados na General Dynamics. Como estranho no ninho, Pace não tinha experiência de primeira mão com a cultura da empresa. Seu mandato provavelmente curto — uma vez que anunciara previamente seus planos de aposentar-se da TRW — enfraqueceu-lhe ainda mais a influência para mudar as atitudes e relacionamentos da administração. E talvez mais importante que tudo, a tarefa imediata que o confrontava era recuperar a boa situação da General Dynamics perante a Marinha de Guerra dos Estados Unidos e restabelecer uma boa imagem pública.

Exacerbando ainda mais a situação, havia a impressão, entre os empregados, de terem sido enganados pela companhia no esforço para obter o apoio deles ao Programa de Ética. O documento básico propunha "tornar o ambiente de trabalho mais conducente à dignidade individual e ao respeito mútuo e promover tratamento justo dos empregados por seus gerentes e chefes de seção".[9] Em conseqüência, "os empregados esperavam aumento de interesse por seu bem-estar pelos gerentes, aumento de tratamento humanitário pelos superiores e níveis crescentes de sua própria participação em decisões relacionadas com o trabalho".[10] Não obstante, três anos depois, a fração de empregados que achava que a administração estava interessada em suas idéias e opiniões permanecia no nível de 1986 — cerca de um terço.

A forte liderança do pessoal responsável pela questão de ética e o bom trabalho realizado resultaram em um programa que atingiu as metas restritas do alto escalão. O esforço desse pessoal, de ampliar a definição de conduta ética — conforme sugeriu Kent Druyvesteyn, vice-presidente do Programa, quando anunciou: "O objetivo do Programa de Ética da General Dynamics é ajudar os empregados em suas atividades diárias, e não flagrá-los em infrações", e tal como foram reveladas adicionalmente na lista publicada das "lições aprendidas" contidas na Ilustração 6-7 —, foi frustrado pelo gerentes graduados de linha, relutantes em mudar, tornando-se, conseqüentemente, bastante ineficaz.[11] As dez lições forneceriam valiosas diretrizes para qualquer companhia que desejasse maior compromisso de seu pessoal com a conduta ética. Segundo se sabe, grande parte delas foi ignorada na General Dynamics e considerada como decoração enganosa para exibir a estranhos.

À luz dessa e de outras provas, o estudo concluiu que o conceito de respeito mútuo e tratamento justo foram "principalmente um estratagema de vendas para estimular o pessoal a seguir as regras".[12] E acusou a companhia de elevar irrealisticamente as expectativas dos empregados com a idéia de que ser ético melhoraria a qualidade da vida no trabalho, quando nenhuma mudança real neste sentido estava nos planos da empresa. A apresentação considerada enganosa dos objetivos do programa, citada antes em conexão com a avaliação que os empregados fizeram do Programa de Ética, gerou ressentimento e mesmo cinismo entre eles. Falou-se mesmo que alguns respondentes duvidavam que os diretores de divisão houvessem realmente tornado a conduta ética uma parte de sua agenda.

General Dynamics versus *Texas Instruments*

Comparando e contrastando o trabalho para promover a conduta ética na Texas Instruments (TI) e na General Dynamics (GD), vários fatores se destacam como explicação dos diferentes resultados obtidos. A diferença mais importante dizia respeito às metas básicas dos programas. Na GD, os altos administradores tomavam medidas corretivas num esforço para salvar a firma, e todo mundo sabia disso. A Texas Instruments não estava ameaçada de investigação iminente nem de acusações. Como resultado, a alta administração da TI estava relativamente tranqüila para alcançar seus interesses éticos, enquanto a GD sofria pressão para corrigir certas categorias específicas de atividades incorretas. Além do mais, a natureza voluntária do programa da TI criava um ambiente mais favorável à alta administração para tranqüilizar os empregados a respeito de suas boas intenções, o que era o caso da GD.

A antiga preocupação da Texas Instruments com a ética dava à sua administração outra importante vantagem sobre a GD, que até esse momento dedicara pouca atenção a tais assuntos. Ou como observou Skooglund, Diretor de Ética da TI:

> Nosso enfoque era claramente o de reforçar uma antiga ênfase na ética. Já em nosso primeiro folheto sobre o assunto (1961), enfatizamos o fato de que "a confiança e o respeito de todos..." são valores essenciais. Por sorte, esta mensagem já estava bem gravada décadas antes de surgirem a Diretoria de Ética e o programa. Tínhamos também em vigor há muito tempo um processo de porta aberta, e enfatizávamos informalidade e poucos "símbolos de status". Acredito que estes fatos facilitaram a credibilidade de nossa mensagem de retidão.

O autor da avaliação do estudo do programa de ética da GD observou que sua antiga companhia era originária de uma tradição muito menos humanitária com relação ao ambiente de trabalho da empresa.

A General Dynamics exacerbou também de várias maneiras as apreensões de seus empregados. As violações, por exemplo, eram rotineiramente sumariadas por categorias, bem como as punições aplicadas. Além do mais, os empregados da GD eram obrigados a assinar um cartão, declarando que o haviam recebido, lido e compreendido o que tinham que fazer. A Texas Instruments resolveu propositalmente não seguir essas práticas potencialmente intimidadoras: suas ações procuravam mais ajudar que punir. A este respeito, Skooglund observou:

> Definimos ética como "as expectativas e a compreensão que definem como devemos tratar os demais..." Se deixamos de atender a essas expectativas, a atitude parece ser a de "não estarmos fazendo o que dizemos que deveríamos fazer", e não "o Programa de Ética é uma impostura". Na verdade, realizamos recentemente uma auditoria na cultura da empresa. Uma das declarações que as pessoas eram solicitadas a comentar era: "Acho que a TI é muito séria a respeito de ética." Mais de 70% responderam enfaticamente, dizendo "concordo plenamente" ou "concordo de todo o coração".

Enquanto a TI conseguia que seu programa contribuísse para o moral dos empregados, a GD fracassava. A derrota da GD refletia uma definição estreita de ética por parte dos altos administradores. A preocupação que sentiam, de que a companhia agisse corretamente em seus negócios com clientes e fornecedores, ignorava na maior parte as questões vitais relativas ao ambiente de trabalho. E, mesmo neste ponto de vista limitado, na opinião de alguns observadores, as ações da companhia eram motivadas por pura necessidade empresarial, sem nenhum senso de obrigação moral.

Lições gerais

Empresas que abertamente ignoram a conduta ética como questão de rotina por certo enfrentam dificuldades muito maiores para criar uma cultura empresarial ética do que aconteceu com a TI. O desinteresse, ou mesmo o desprezo na empresa pela ética nos negócios, pode erigir obstáculos formidáveis à mudança. Pressões por resultados financeiros, juntamente com controles mínimos sobre a maneira como as metas são alcançadas, criam o campo de jogo para atividades interesseiras. A cultura empresarial resultante atrai e recompensa empregados que compartilham da atitude de "vale tudo" dos altos administradores.

Nessas firmas, qualquer autêntica reviravolta sobre conduta ética tem que começar com mudanças no pensamento da alta administração. Este pensamento precisa ir além da disposição de tomar medidas para evitar escândalos e processos judiciais. No mínimo, deve incluir o desejo autêntico de estimular o comportamento ético como conduta empresarial habitual.

Nos casos de executivos de empresas eticamente perturbadas, passar por uma necessária mudança na atitude mental seria um fato improvável. E se ela ocorresse, anos se passariam antes que empregados e estranhos superassem suas desconfianças a respeito dos verdadeiros motivos da administração. Em conseqüência, como assunto prático, o início de uma reviravolta ética nessas firmas provavelmente exigirá a substituição dos altos administradores — que iniciaram, estimularam ou toleraram conduta antiética — por pessoas que tenham reputação de serem praticantes da boa ética nos negócios. Um bom exemplo nesse sentido foi a faxina que ocorreu na alta administração da Salomon Brothers logo após o escândalo da negociata de ações em 1991. O executivo-chefe John Gutfreund, o vice-presidente do Conselho John Meriwether e o presidente da empresa Thomas Strauss foram obrigados a renunciar aos seus cargos, substituídos por Warren Buffett, um dos principais investidores da nação, com uma reputação de negócios honestos e grandes interesses na companhia. Esta única medida contribuiu muito para criar expectativas positivas relativas à correção das futuras atividades empresariais da Salomon Brothers.[13]

Apesar disso, este tipo de substituição da alta administração em si não proporciona obrigatoriamente a necessária liderança moral. As experiências da Texas Instruments e da General Dynamics deixam claro que a integridade pessoal e a formação moral do líder da empresa, embora sejam importantes, não são suficientes para garantir a confiança e o apoio da empresa. Stanley Pace, da General Dynamics, provavelmente se sai bem em uma comparação com Jerry Junkins, da TI, ou com qualquer outro empresário que comanda as companhias aqui estudadas, quando os critérios são de valores morais e integridade pessoal. Mas os erros que ele e muitos outros líderes empresariais cometem, ao lançar um programa de ética ignorando as muitas possíveis causas de suspeita e desconfiança, condenam ao fracasso esses esforços, por mais sinceros e bem intencionados que eles sejam. Os grandes investimentos de recursos que Pace fez no programa de ética da General Dynamics fracassaram redondamente em criar o tipo de espírito empresarial que poderia dar à empresa a oportunidade de atingir o patamar de excelência empresarial.

1. A pessoa comum tem um forte senso de integridade pessoal e defende zelosamente sua reputação. Este senso é a força de um programa de ética.
2. As pessoas muitas vezes reagem emocionalmente à palavra "ética". As reações são freqüentemente negativas, defensivas ou cínicas. A palavra precisa ser usada com cuidado na formulação de um programa dessa natureza.
3. O compromisso de todas as pessoas em posições de liderança é condição absoluta para o estabelecimento de um programa ético. Mas o compromisso de todos os empregados, em todos os níveis, é também absolutamente necessário para implementá-lo por completo e mantê-lo.
4. O programa ético apresentará melhor resultado se for integrado na estrutura existente da empresa. Não deve ser independente ou existir como um mero apêndice. Um grande quadro de pessoal e um orçamento independente são desnecessários e indesejáveis.
5. O objetivo deste programa precisa ser positivo. Ele deve prestar auxílio. Seu objetivo principal é ensinar e orientar — não flagrar ninguém em falta e julgar.
6. O programa deve focalizar-se nas questões do certo e do errado, mas não ignorar as aparências do certo e do errado. A aparência pode ser tão prejudicial para a reputação da companhia quanto o fato.
7. Problemas que implicam possíveis questões de ética surgem inesperada e, com freqüência, imprevisivelmente. Uma vez que, em certas ocasiões, há pouco tempo para decidir, é necessário um meio, ou método, para obter ajuda de emergência.
8. A maioria dos problemas de natureza ética é matéria de fato prática. Quando os fatos relevantes forem reunidos, a pergunta é respondida e, a preocupação, eliminada. Poucos problemas enfrentados pelos empregados são autênticos dilemas morais, embora possam, no momento, parecer muito confusos. Os empregados não precisam ser filósofos morais para resolver a maioria das questões relacionadas com ética que possam enfrentar.
9. Numerosas questões de natureza ética nunca surgiriam, se as comunicações fossem mais fortes nos relacionamentos básicos entre empregador e empregado, empregado e cliente, empregado e fornecedor, empregado e acionista e empregado e comunidade. De igual maneira, numerosas questões que se transformam em problemas éticos surgiriam com menos freqüência se virtudes cívicas, como confiabilidade, lealdade, prestatividade, cordialidade, cortesia, bondade, alegria e respeito, fossem praticadas regularmente.
10. Um programa ético encerra certas limitações inerentes, baseadas no fato de que depende, para implementação, de pessoas. Pode haver padrões escritos e políticas claramente definidas, mas o programa pouco poderá fazer para mudar indivíduos que intencionalmente se conduzem mal.

Ilustração 6-7 Lições aprendidas com o programa de ética.

7

ATIVANDO O SUPERALIMENTADOR

Como deve estar claro agora, a ética na empresa complica a vida do administrador. Competir com sucesso ao longo do tempo é um grande desafio para a maioria das empresas. As limitações que as preocupações com a ética podem impor às atividades da empresa, e o fardo adicional de ter que lidar com considerações morais complexas e potencialmente divisoras, podem tornar o desafio muito mais difícil. Concebivelmente, a necessidade de lidar com a ética pode derrotar a administração inexperiente nesses assuntos e já sobrecarregada com estressantes condições de negócios. Mas argumentar contra a vontade da administração de implantar conduta ética na empresa por causa desse risco seria a mesma coisa que evitar exercício físico porque ele poderia ser prejudicial a pessoas com excesso de peso ou por estarem fora de forma. A principal consideração em ambos os casos é que o esforço seja sensato, reconhecendo a capacidade da pessoa, física e jurídica, de mudar.

Este livro começou com uma pergunta explícita: "A ética na empresa vale o esforço que requer?" Em seguida deu uma resposta afirmativa. Os custos são fáceis de notar, quando pensamos no volume de tempo e no esforço que os altos administradores e outros funcionários da empresa têm que dedicar à promoção da conduta ética. Os benefícios são também facilmente visíveis. Eles incluem: o senso de orgulho pessoal e a satisfação que o indivíduo pode desenvolver em fazer parte de uma empresa honesta, o afastamento da possibilidade de dispendiosas ações judiciais e escândalos desmoralizantes, a melhoria dos relacionamentos com clientes, fornecedores, investidores e com a comunidade em geral, bem como a criação de condições que facilitam a criatividade e a iniciativa individual e empresarial. Este último item, no entanto, é apenas um benefício potencial. Explorá-lo requer outro conjunto de políticas e práticas relativas ao fomento da inovação e à aceitação de riscos pela administração. O superalimentador ético tem que ser acionado e utilizado.

A Johnson & Johnson fornece um excelente exemplo neste particular. A venerável empresa de 100 anos de idade foi citada no artigo final de uma série publicada no *Wall Street Journal* sobre as razões por que as grandes companhias colhem sucessos ao longo do tempo.[1] Como prova das bem-sucedidas inovação e adaptação da J&J, um relatório apresenta os seguintes dados: entre as 21 empresas do grupo identificadas como "principais operadores no país" em 1982, um terço passou a outras mãos ou fechou, mais da metade delas, em 1991, não existia dez anos antes, um terço das vendas da companhia fora produzido por produtos lançados nos últimos cinco anos, a renda mais do que duplicara, os dividendos mais do que triplicaram, o rendimento por ação aumentara em média 13,3% anualmente na última década, e o valor de 100 dólares em ações ordinárias subira para 460 no mesmo período de dez anos.

O segredo do sucesso da J&J é talvez melhor captado no parágrafo inicial de uma declaração divulgada em 1980 com intuito de servir como diretriz para o planejamento estratégico:

> Acreditamos que a estabilidade de nosso desempenho global como empresa se deve à nossa forma excepcional de administração descentralizada, à nossa observância dos princípios éticos constantes de nosso Credo e de nossa ênfase em administrar a empresa pensando a longo prazo.

Conforme explicado com mais detalhes no corpo da declaração, a idéia é tornar os gerentes das unidades responsáveis pelo fornecimento aos usuários finais de produtos e serviços de alto valor, em base lucrativa, ao longo do tempo. (A declaração dessa diretriz estratégica consta da Ilustração 7-1.)

O relatório anual da J&J relativo a 1981, com a capa destacando a fórmula *descentralização = criatividade = produtividade*, diz o seguinte sobre a natureza e finalidade da descentralização:

> A Johnson & Johnson não é uma única companhia, mas muitas... Quaisquer que sejam seus tamanhos ou localizações, elas compartilham do compromisso de atender às necessidades especiais de um cliente bem definido. Ao agir assim, criam uma grande variedade de formas inovadoras de administrar com sucesso seus negócios.

Acreditamos que o segredo para liberar essa produtividade é a descentralização — conceder a cada companhia autonomia suficiente para conduzir seus negócios sem limitações desnecessárias. Em suma, acreditamos que descentralização = criatividade = produtividade.

Acreditamos que a coerência de nosso desempenho geral como empresa deve-se à nossa forma excepcional de administração descentralizada, à nossa observância dos princípios éticos constantes do Credo e à nossa ênfase em gerir a firma com vistas a longo prazo.

Neste particular, há certos princípios básicos com os quais estamos comprometidos:

- A responsabilidade pelo nosso sucesso como empresa está nas mãos dos presidentes e diretores administrativos de nossas companhias. Todos eles devem assumir a liderança em todos os aspectos do negócio, incluindo a definição de planos estratégicos e tomando providências para a sucessão da administração.
- Faremos um esforço para organizar nossos negócios com base nas necessidades claramente identificadas dos usuários finais de nossos produtos e serviços. Em muitos casos, as unidades empresariais serão estruturadas em torno da filosofia de franquias mundiais. Continuaremos, no entanto, a depender de um "guarda-chuva" de companhias para desenvolver mercados locais para todos os nossos franquiados, nos casos em que esta orientação parecer a melhor maneira de iniciar um crescimento a longo prazo, eficaz em matéria de custos.
- Procuraremos, nos casos possíveis, conquistar ou manter posição de liderança nos mercados de nosso interesse. Reconhecemos que isto só pode ser alcançado mantendo, a longo prazo, benefícios finais superiores aos de nossos concorrentes. Neste particular, assumimos o compromisso de melhorar nossa capacidade interna de pesquisa e desenvolvimento e de utilizar fontes externas que proporcionem acesso a nova ciência e tecnologia.
- Estamos voltados para um crescimento excepcionalmente alto. A fim de atingir este objetivo, temos que estar bem posicionados em mercados em crescimento, e todas as administrações devem ser ativamente inovadoras e esforçar-se para crescer mais rápido do que os mercados em que concorrem com outras empresas.
- Todas as administrações precisam saber como investir eficazmente em futura capacidade de gerar lucros, reconhecendo, ao mesmo tempo, que é mais fácil reduzir lucros a curto prazo do que aumentá-los a longo prazo. Acreditamos ainda que o crescimento deve ser financiado principalmente pelos lucros. Isto significa que nossas companhias devem obter lucros acima da média para financiar taxas mais altas de crescimento.
- Aquisições são consideradas como maneira apropriada de atingir as metas estratégicas de uma determinada companhia ou como um meio de a empresa expandir o alcance de suas atuais atividades. Essas aquisições — de produtos, tecnologias ou empresas — serão avaliadas pelo seu potencial de gerar crescimento, compatibilidade com negócios correntes ou futuros, capacidade de administração, e viabilidade econômica. Não há outras restrições à identificação de candidatos à aquisição.

A administração da empresa é responsável pelo fornecimento de recursos, orientação, liderança e controle das várias entidades empresariais no contexto destes princípios. A mais importante responsabilidade da administração é a que compartilha com os presidentes e diretores administrativos o recrutamento do tipo de pessoas que podem administrar nosso negócio no futuro; proporcionar-lhes o tipo de ambiente que lhes maximize o potencial e um sistema que os remunere apropriadamente por suas

Ilustração 7-1 Declaração de direção estratégica da Johnson & Johnson, 1980.

Jim Burke, ex-presidente do Conselho e executivo-chefe da J&J, explica esse conceito com mais detalhes:

> O conceito básico que inspira a filosofia de descentralização é tentar organizar cada negócio em volta de uma determinada necessidade de mercado e de um dado conjunto de consumidores. Isto é mais fácil dizer do que fazer, mas é isto, realmente... A Ethicon é um exemplo de empresa construída em torno das necessidades do cirurgião que costura pessoas... e seu sucesso baseia-se na compreensão de que a empresa é um prolongamento da perícia existente nas mãos do cirurgião. Com esse enfoque, essa empresa foi construída a partir do nada.[2]

Alimentando o processo de inovação há um orçamento anual de P&D de cerca de 1 bilhão de dólares, suplementado pelo gasto de milhões de dólares para adquirir pesquisa e tecnologia desenvolvidas em outras fontes. Compatível com esta filosofia de administração, as atividades de pesquisa e desenvolvimento da companhia são realizadas quase com exclusividade nas unidades empresariais individuais.

Complementando a capacidade da J&J de desenvolver novos produtos e mercados, há sua disposição de eliminar produtos que fracassam. Ralph S. Larsen, presidente do Conselho e executivo-chefe, atribui a capacidade da firma de cortar operações pouco promissoras a um processo em vigor no nível de comissão executiva de passar uma revista constante nos negócios com o objetivo de se certificar de que se ajustam à estragégia da empresa e que estão produzindo resultados.[3] Este processo, de acordo com Dave Clare (ex-presidente da empresa e presidente da comissão executiva), inclui uma análise cuidadosa dos planos estratégicos de cada unidade operacional, com atenção especial a grandes problemas e programas dentro de horizontes de planejamento de cinco e dez anos.

A disposição da alta administração de apoiar novas idéias e sua atitude em relação a fracasso contribuem muito para explicar a impressionante folha de sucessos da J&J. A história da Medipren caracteriza bem a maneira como iniciativa e fracasso são encarados:

> Quando um grupo de gerentes propôs, em 1986, lançar um analgésico que dispensava receita médica, contendo Ibuprofen (e não aspirina ou o ingrediente principal do Tylenol, o Acetaminofen), o então presidente do Conselho de Administração, Jim Burke, opôs-se à idéia, argumentando que a concorrência tinha uma grande dianteira neste particular. Mas, ainda assim, permitiu que seus subordinados prosseguissem com a idéia. Eles lançaram o Medipren — um analgésico à base de Ibuprofen, virtualmente idêntico ao Advil, da American Home Products Corp., e ao Nuprin, da Bristol&Myers —, e durante alguns anos tentou vencer a concorrência. A coisa não funcionou.[4]

Em julho de 1992, a Johnson & Johnson suspendeu a venda do Medipren. De acordo com o executivo que supervisionara o lançamento, ninguém foi punido pelo fracasso — resultado compatível com a opinião da alta administração de que crescimento empresarial implica necessariamente apoiar alguns perdedores na busca de vencedores.

Na formulação da diretriz estratégica, a referência à "observância dos princípios éticos constantes de nosso Credo" é um claro lembrete do forte compromisso da J&J de tratar com respeito seus empregados, clientes e a comunidade em geral. O relato seguinte revela o que os altos administradores fazem para explorar a reserva de confiança e orgulho da empresa a fim de estimular a inovação e a iniciativa através da influência de uma cultura ética empresarial que premia a inovação.

Uma cultura empresarial que premia a inovação

Em empresas como a J&J, Cray Research e Hewlett-Packard logo percebemos o interesse geral e o entusiasmo por novos produtos e o desenvolvimento de novos negócios. Nos casos de companhias em indústrias como as de eletrônica e produtos farmacêuticos, o rápido progresso tecnológico pode dar impulso à inovação, transformando-a em estilo de vida empresarial. Na maioria delas, a alta administração tem que confiar mais em pressões internamente induzidas para motivar inovações de produtos e iniciativas de negócios.

Administrar a inovação e a renovação empresarial é um processo complexo, que conta com um corpo próprio de literatura. Este capítulo aborda o assunto apenas na medida em que serve para completar a ligação, neste livro, entre conduta ética e excelência empresarial contínua. Esta ligação, mostrada na Ilustração 7-2, começa com a vinculação de sólidas estratégias empresariais e de negócios à conduta ética a fim de fomentar a criação, na empresa, de um clima caracterizado por respeito e confiança. Esta poderosa combinação contém energia potencial para motivar as iniciativas inovadoras e ousadas que são essenciais para atingir e manter a excelência empresarial. Não obstante, com o objetivo de pôr essa energia potencial em uso produtivo, a alta administração precisa ligar o superalimentador ético, adotando políticas e práticas conducentes à criatividade.

O papel vital que a administração desempenha — em criar uma cultura empresarial que estimula a inovação e a aceitação de riscos — é evidente na Johnson & Johnson e na seguinte descrição sobre a Nucor Steel.

A Nucor Steel

A Nucor Steel, um exemplo ímpar de administração empresarial que transformou um modesto fabricante de artigos de metal na sétima maior produtora de aço da América em apenas 20 anos, orgulha-se de ser uma companhia ética.[6] Trata seus empregados com dignidade, oferecendo-lhes bons salários e emprego seguro. Fornece aos clientes produtos de baixo preço e alta qualidade, graças a métodos inovadores e eficientes de manufatura. E proporciona generosos dividendos a seus acionistas, entre os quais se encontram numerosos empregados. Para empresas industriais americanas em dificuldades, a Nucor serve como um modelo, indicando-lhes a maneira como podem recuperar sua capacidade de concorrer com as firmas japonesas e com outras empresas estrangeiras que praticamente dominam nossos mercados internos.

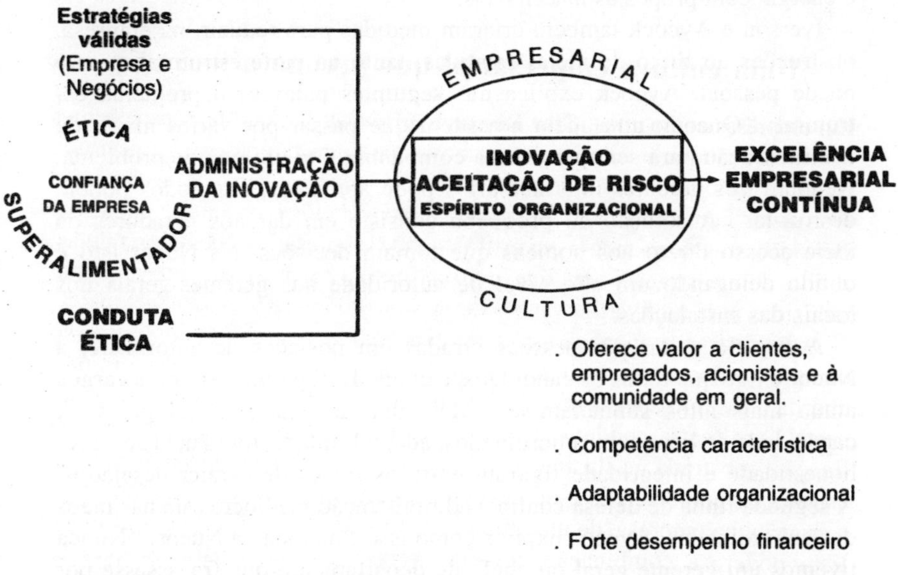

Ilustração 7-2 O superalimentador ético para excelência contínua da empresa

A merecida reputação da Nucor, de ser uma das empresas mais inovadoras da indústria siderúrgica, reforça por si mesma o processo inovador. De acordo com F. Kenneth Iverson, presidente do Conselho e executivo-chefe da empresa, a receptividade da Nucor à nova tecnologia estimula fornecedores de equipamento para processamento de aço e produtos correlatos em todo o mundo a procurá-la com seus conceitos mais modernos. Freqüentemente, com idéias que ainda estão na prancheta do desenhista, a Nucor pode influenciar o desenho do equipamento para adequar-se às suas necessidades particulares. A longa história da companhia, de apoiar o processo de inovação, serve também para motivar sua maior fonte de idéias criativas — seus empregados.

Uma das maneiras como a alta administração tenta estimular os empregados a contribuir com novas idéias construtivas consiste em dizer o que é para ela interessante e o que não é aceitável. David Aycock, ex-executivo-chefe da empresa, fez a seguinte observação sobre as diretrizes da Nucor relativas a idéias inovadoras: "Temos um método simples. Primeiro, a idéia deve relacionar-se com aço. Segundo, não deve violar nenhuma lei. E, terceiro, não pode ser imoral. Essas regras ajudam-nos a evitar perder tempo e energia com propostas inaceitáveis."

Iverson e Aycock também criaram medidas para reduzir, na empresa, obstruções ao fluxo de idéias criativas, tanto na parte estrutural quanto na de pessoal. Aycock explica nas seguintes palavras o problema estrutural: "Quando uma idéia nova tem que passar por vários níveis de administração para ser aprovada, a companhia tem um grande problema. Nenhum dos gerentes intermediários pode aprová-la, mas todos podem destruí-la." A solução do problema consiste em dar aos geradores da idéia acesso direto aos homens que tomam decisões. Na Nucor isto é obtido delegando um alto nível de autoridade aos gerentes-gerais nos locais das instalações.

A fim de evitar pôr pessoas erradas em posições de autoridade, a Nucor exige que todos os candidatos a chefe de departamento ou a cargos ainda mais altos submetam-se a dois dias de testes psicológicos. A capacidade de lidar com subordinados, adaptabilidade, tolerância ao risco, honestidade e integridade figuram entre os traços de caráter desejados. A segunda linha de defesa contra a administração medíocre está nas mãos dos subordinados. Aycock explica como isso funciona na Nucor: "Nunca tivemos um gerente-geral ou chefe de departamento que fracassasse por deficiência técnica. Os únicos fracassos ocorrem quando eles não conseguem conquistar e manter a confiança e o apoio de seus empregados. Da maneira como encaramos a situação, quando seus empregados o 'demitem', você tem que ir embora!"

A maneira como a administração da Nucor recebe e trata novas idéias dos empregados constitui outro fator importante para influenciar esse fluxo. Nas palavras abaixo Aycock explica o método da Nucor.

> Nunca dissemos "não" à idéia de qualquer empregado para introduzir mudança criativa. Se não gosta da idéia, Ken pode retardar um pouco a decisão, mas, se o empregado insistir, ele lhe dá uma chance. Quando os tempos se tornam difíceis e a companhia enfrenta um aperto financeiro, dizemos que não podemos agir nesse instante, que a idéia deve ser posta no papel, e que a experimentaremos quando houver dinheiro.

> As razões para esta reação positiva são simples. Em primeiro lugar, quase todas as idéias são muito boas e nem sempre podemos saber quais as que não funcionarão. Uma das coisas que aprendemos foi que nosso pessoal não propõe idéias estúpidas. Em segundo, ao desestimularmos uma idéia, a mensagem enviada é que também não estaremos interessados na idéia seguinte.
>
> Em minha experiência, um dos erros comuns no mundo dos negócios é não dar apoio suficiente a novas idéias geradas pelos empregados. Acreditamos que é importante dar o "vá em frente" e financiar essas iniciativas.

As opiniões de Iverson sobre o processo decisório ajudam a pôr esse método em perspectiva: "Sou um grande crente em cometer erros. Quem não arrisca, não petisca. O fato inegável é que bons administradores tomam más decisões. Eles simplesmente precisam tomar mais decisões boas do que más."

Aycock também enfatiza a importância da administração não tentar oferecer melhoramentos à idéia do empregado. Em sua opinião, o momento da administração oferecer sugestões é depois de pôr o projeto em andamento, não antes — a menos que seja especificamente solicitada. E, mesmo neste caso, como mostra a conversa seguinte, os administradores têm que se manter vigilantes para não se apropriarem inadvertidamente da idéia de seus subordinados:

> EMPREGADO: Tive esta idéia, mas meu chefe não quer ouvi-la. Quer saber de minha opinião?
>
> AYCOCK: Não, não quero sua opinião. Isto é assunto seu. Mas, talvez, você queira a minha.
>
> EMPREGADO: (Após uma pausa.) Sim, gosto mais disso.

No espaço de alguns momentos, Aycock conseguiu comunicar seu interesse e apoiar o empregado sem assumir a propriedade da iniciativa.

Inovações que dão certo são premiadas na Nucor. As recompensas, porém, não incluem pagamentos em dinheiro. Explica Aycock: "Elogio e reconhecimento são fáceis de fazer, sem dar motivos para comparações invejosas. Com dinheiro, podemos facilmente provocar rancor e ciúme, quando pessoas comparam prêmios recebidos. O problema é que em nosso ramo é quase impossível que a administração saiba exatamente quem contribuiu para uma iniciativa específica e a importância relativa das várias contribuições. E mesmo que pudéssemos fazer essas avaliações, os empregados envolvidos não concordariam necessariamente conosco."

Uma das "situações mais perigosas", segundo Aycock, acontece quando se percebe que um projeto inovador está fracassando ou fracassou. A suspensão do trabalho tem que ser feita sem embaraçar ou penalizar de outra maneira qualquer os proponentes da idéia. Observa ele: "Ken e eu temos que nos certificar de que a Nucor compreende que essas pessoas continuam a ser heróis da empresa, exatamente como aqueles cujas idéias deram certo. Os que nada fazem para melhorar nossas operações é que nada têm de heróis. Quando ocorre um fracasso, ficamos de sobreaviso para impedir que alguém deboche disso e venha com aquele "Eu não disse?"

"A força mais destrutiva no que concerne à inovação", adverte Aycock, "consiste em transformar em bodes expiatórios pessoas envolvidas na iniciativa que fracassou. Esta atitude de autoproteção de parte da chefia é não só contraproducente, mas também altamente antiética. Quando aprova um projeto, a administração assume co-responsabilidade por ele. Deve aceitar sua parte na culpa — se houver culpa — tanto quanto na glória."

Como indica este último comentário, considerações éticas constituem partes inextrincáveis do processo de inovação na Nucor. Iverson e Aycock estão agudamente conscientes de que têm que confiar em que a administração lhes apoiará sinceramente os esforços, quaisquer que sejam os resultados, antes de se colocarem na linha de fogo. Conquanto a capacidade da administração de acionar o superalimentador ético dependa claramente de sua maneira de lidar com novas idéias e iniciativas no dia-a-dia e de uma semana após outra, esta tarefa pode ser grandemente facilitada quando a conexão entre ética e inovação é prevista no planejamento estratégico a longo prazo da companhia.

Olhando para o futuro

Na descrição de empresas éticas no Capítulo 1, dissemos que todas elas são competentes em evitar problemas éticos, em todos os casos possíveis, e em resolvê-los eficazmente quando surgem. Foi apresentado também o argumento de que a maneira mais eficaz de enfrentá-los é, para começar, não tê-los. Como demonstra a ciência militar, o aviso prévio de problemas potenciais proporciona oportunidades valiosas para emprego de táticas evasivas ou para o engajamento planejado do inimigo. Este princípio aplica-se também a questões de ética. Olhar para o futuro e planejar são vitais para evitar esse tipo de problema. Tornar o sistema de navegação a longa distância da firma parte integral de seu processo de planejamento estratégico normal, quando feito da maneira correta, é sem dúvida o meio mais eficaz para alinhar operações de negócios com os valores e aspirações éticas da empresa.

Ética e estratégia

A estratégia da empresa e a ética nos negócios ligam-se de muitas maneiras importantes. A segurança e o desenho de novos produtos constituem um bom exemplo de uma área em que a previsão ética pode ajudar a empresa a evitar futuros problemas, que não apenas lhe prejudicam a reputação aos olhos dos consumidores e da sociedade em geral, mas também abalam a confiança e a fé do pessoal na administração. Precisamos apenas pensar nas muitas reportagens sobre ferimentos e mortes atribuídas a desenho defeituoso de produto em automóveis e em brinquedos para imaginar como pode ser contraproducente para a aspiração da empresa, de atingir a excelência, não dar importância suficiente à segurança quando planeja novos produtos.

A segurança nas condições de trabalho é outra área onde a previsão ética pode ajudar as empresas a evitar desnecessários e dispendiosos ferimentos e mortes, que solapam a confiança na consideração da administração. Neste particular, o planejamento precisa tratar de considerações a longo prazo, como projeto de fábricas (a fim de identificar e evitar perigos potenciais no local de trabalho, tais como exposição a substâncias tóxicas), treinamento e reforço (para garantir que as rotinas de segurança da companhia são apropriadas a novas operações de produção e a novos empregados, que podem diferir da força de trabalho tradicional da empresa no tocante à experiência, educação, sexo e outras dimensões importantes) e programação da carga de trabalho (a fim de prever a expansão acelerada das operações, evitando excesso de horas extras, que podem tornar-se perigosas). A necessidade de incluir clara e sistematicamente essas questões no planejamento estratégico será provavelmente maior em operações localizadas no exterior — tais como no México, Sudeste da Ásia ou Europa Oriental —, onde a capacidade dos empregados de apresentar objeções é reduzida.

Quando o planejamento estratégico trata do desenvolvimento e moral na empresa (como deve), um conjunto de assuntos correntes surge para exame com relação a futuras políticas e rotinas. Itens correntes dessa natureza incluiriam, entre outros, os seguintes: creches para filhos de empregados, diversidade da força de trabalho, assédio sexual, maltratos e AIDS.[7]

Possivelmente, a ligação mais importante entre estratégia e ética é o efeito que o desempenho empresarial pode produzir sobre a conduta ética. Conforme discutido acima, a capacidade da alta administração de manter altos padrões de conduta ética na empresa depende muito de sua capacidade de proporcionar forte liderança nos negócios. Lewis E. Burns, presidente e executivo-chefe da Dover Industries, provavelmente não está muito longe da verdade quando diz: "A pior conduta antiética numa empresa é a má administração." A má administração prejudica invariavelmente a capacidade da companhia e reduz sua eficácia. Quando a firma perde a capacidade de atingir suas metas econômicas através de conduta correta e ética, pressões começam a se acumular para aceitação de atitudes menos corretas e mesmo antiéticas. Em mais de uma das firmas estudadas, ouvimos referências ao fato do medo de possível absorção por outras empresas motivar a alta administração a aumentar acentuadamente a pressão por desempenho econômico.[8] Um vice-presidente e gerente-geral de uma grande divisão operacional descreveu vividamente esse fenômeno, indicando a intensidade dessas pressões.

> O nosso presidente do Conselho não quer ser lembrado como o homem que botou a perder a independência da companhia. Para manter alto o preço das ações, ele deixou claro que não é suficiente que sejamos rentáveis no ano, mas que apresentemos bons lucros em todos os trimestres. O último gerente que não conseguiu isso não está mais aqui. Há outro gerente-geral que está tendo dificuldades e os abutres andam voando baixo. Certamente podemos sentir-lhes a presença.

A pressão intensificada aumentará talvez os lucros, motivando algumas unidades operacionais a trabalhar mais, a ser mais esperta ou assumir maiores riscos. Mas quando a firma já realiza operações enérgicas, a maior probabilidade é que essa pressão, induzida pelo medo, abale o compromisso da empresa com os padrões éticos.

Sucesso passado não garante sucesso futuro. Muitas das principais empresas americanas experimentaram dificuldades por causa do fracasso da administração em adaptá-las corretamente a condições mutáveis. Um bom exemplo neste particular é a Sears, Roebuck & Co., uma firma cuja antiga estratégia reformulou o comércio a varejo. Em 1988, de acordo com as avaliações abaixo, era mais do que claro que sua administração perdera o rumo.

> A companhia parece ter saído do compasso com a América, ignorando as enormes mudanças em demografia e nos gostos dos consumidores que impulsionaram o rápido crescimento de suas concorrentes... Reformar toda a estratégia de varejo da Sears é a chave para sua estratégia de sobrevivência, e isto será um desafio dificílimo.[9]

* * *

> Mas o quadro que emerge... é de uma musculosa baleia de cem anos de idade esmagada pela sua modorrenta cultura empresarial, precisando de nova estratégia e, provavelmente, de nova administração. Os esforços tíbios e desajeitados da Sears para adaptar-se a um ambiente de varejo competitivo revelam uma instituição americana em declínio, um exemplo de manual sobre o que acontece a qualquer companhia que se acomoda confortavelmente demais em seu mercado.[10]

Em 1990, a Sears comunicou uma queda de 40% nos lucros e uma baixa contábil, na conta de lucros e perdas, de 155 milhões de dólares, aparentemente pondo no pelourinho o cargo do presidente do Conselho de Administração, Edward A. Brennan. Em 11 de junho de 1992, o Departamento de Defesa dos Consumidores da Califórnia acusou a Sears Tire & Auto, que estava instalada no Estado havia 72 anos, de fazer sistematicamene consertos desnecessários em automóveis. Quatro dias depois, New Jersey apresentou acusações semelhantes contra seis centros de reparos da Sears.[11] Altos executivos da empresa negaram que jamais tivessem aprovado, com conhecimento de causa, ou endossado, essas práticas. Refutando a negação, a *Business Week* comentou: "Entrevistas com 18 empregados em atividade e ex-empregados de oficinas, vendedores de autopeças de grande valor e agentes de seguros revelaram, sem exceção, a existência de uma atmosfera em que os empregados tinham receio de serem dispensados se não cumprissem suas cotas de vendas. Alguns disseram mesmo que se sentiam pressionados a trapacear para manter seus empregos."[12]

Medidas ousadas — alguns dizem, desesperadas — foram tomadas para enxugar e realinhar a estrutura da empresa.[13] Se ou não a administração da Sears conseguirá dar a volta por cima não vem ao caso. O que está em jogo é a responsabilidade da alta administração de preservar a eficiência competitiva da empresa e evitar situações problemáticas. Comparem-se os relatos seguintes com os relativos a Sears:

> Na reunião da administração da H.J. Heinz Co., em Pittsburgh, em janeiro de 1987, o presidente do Conselho, Anthony J.F. O'Reilly, advertiu seus 100 mais altos executivos sobre a crise que se avizinhava... "Não podemos continuar com as antigas rotinas de administração", disse O'Reilly.
>
> Esse discurso e as grandes mudanças que se seguiram são o que separam O'Reilly de muitos outros administradores. As vendas da Heinz continuavam crescendo de 6% a 8% ao ano, com margens de lucros que figuravam entre as mais sadias do ramo de alimentos processados. Ainda assim, a administração questionava os próprios métodos que, durante décadas, haviam quase quadruplicado os lucros e mais do que duplicado as vendas.

> Após um reestudo de alto a baixo da companhia, os executivos concluíram que o que levara a Heinz através da década de 80 não ia carregá-la através da década de 90...[14]

* * *

> "Há autocontentamento nesta companhia", queixa-se Frank Shrontz, presidente do Conselho e executivo-chefe da Boeing Company, enquanto lisonjeia e pressiona por mudança e melhor desempenho no que já é hoje uma das empresas mais bem administradas do mundo.[15]

A fim de combater esse autocontentamento, Shrontz exigiu que os 100 mais altos executivos da Boeing visitassem empresas manufatureiras, de "classe mundial", do Japão. Conta-se que os gerentes, antes céticos, voltaram tomados de profundo respeito, e que uma grande variedade de melhoramentos era logo depois instituída. A atitude resultante foi descrita por Dean Thornton, presidente do Boeing Commercial Airplane Group: "Estamos resolvidos a não fazer o que a IBM, a Sears Roebuck e a General Motors fizeram — isto é, chegar ao topo, ser a melhor e, em seguida, engordar e ficar preguiçosa."[16]

É preciso uma rara capacidade de julgamento sobre negócios para que um alto administrador sinta potencial ou fraqueza sorrateiros na estratégia da empresa, quando ela é a líder em sua indústria, e uma incomum fortaleza de ânimo para mudar maneiras experimentadas e eficientes de fazer negócios.[17] A intervenção decisiva de O'Reilly e o esforço obstinado de Shrontz para erradicar a auto-satisfação podem ser aplaudidos puramente em termos de seu provável impacto positivo sobre a futura rentabilidade da empresa. Esses esforços, porém, podem beneficiar também o clima ético em ambas as companhias. Os melhoramentos resultantes em operações e estratégia reduzem a probabilidade de pressões internas para aliviar medidas éticas a fim de atingir metas, como parece ter acontecido no caso da Sears. Além disso, a capacidade da empresa de proporcionar bom valor aos consumidores pelo que pagam, segurança no emprego ao pessoal e dividendos apreciáveis aos acionistas, como resultado de boa prática administrativa, reveste-se também de importância moral.

A Sears, tanto quanto sabe este autor, foi uma empresa altamente ética durante anos. As experiências recentes da empresa, no entanto, mostram o que pode acontecer ao clima ético quando a sua administração tem que lutar pela sobrevivência. Embora a decadência de uma firma não ocasione necessariamente degradação moral, a probabilidade de que isso aconteça aumenta na mesma medida em que sobem as pressões e tentativas para tomar medidas de auto-interesse. Como a Beech-Nut demonstrou de maneira tão vívida, graves dificuldades nos negócios podem deformar o bom julgamento da administração e fazer com que os freios morais sejam perdidos ao longo da estrada.

Agir decisivamente, como fez O'Reilly, não deixa de ter seus próprios riscos éticos. O desafio ao líder é implantar a mudança sem ferir injustamente pessoas ou pressioná-las de maneiras que motivem atos impróprios. A administração deve levar em conta também a experiência dolorosa que acompanha tentativas de mudar a direção dos negócios e precisa descobrir maneiras de guardar e proteger, neste processo, os valores éticos.

Grandes empresas adotam regularmente conceitos e processos complicados de planejamento estratégico. Ironicamente, um processo formal de planejamento freqüentemente contribui mais para inibir do que para estimular pensamento conceitual inovador. Em um número grande demais de empresas, o trabalho de planejamento produz pouco mais do que um remendo no mau pensamento.[18] Para ser eficaz, o planejamento estratégico precisa explorar a imaginação, a engenhosidade e a ousadia da administração. A estratégia da empresa nunca é a ideal. Há sempre espaço para introvisões e invenções. E para que isso aconteça de modo produtivo, empregados em todos os níveis da empresa têm que se sentir bem com seu trabalho e com as pessoas com quem trabalham.

Como em tantos outros aspectos, o executivo-chefe estabelece o tom. Homens como Burke na J&J e Iverson na Nucor trabalham duro para cultivar uma atmosfera de confiança. Demonstram uma amizade e interesse por seus subordinados que fomentam comunicações abertas. O compromisso com o sucesso nos negócios e sua capacidade altamente desenvolvida de estimular e apoiar gerentes de unidades operacionais, sem ameaçar-lhes a liberdade de ação, fornecem um contexto organizacional que motiva boa administração e adaptações estratégicas oportunas. A atitude de Iverson sobre aceitação de riscos na Nucor Steel — exemplificada pela frase "Bons gerentes podem tomar más decisões. Eles simplesmente devem tomar mais decisões boas do que más" — fala volumes sobre o papel crucial da capacidade de julgamento em estratégias inovadoras.

Depois de tudo dito e feito, indivíduos inteligentes que realmente gostam do que fazem, que gostam dos colegas e os respeitam, que estão preparados para assumir riscos calculados e que são membros de uma empresa coesa, bem administrada, representam tudo o que a excelência empresarial vem a ser. A ética é fundamental para uma empresa como essa. Os padrões éticos, estabelecidos pela alta administração e cultivados em toda a empresa, podem agir para superalimentar o motor do desempenho empresarial.

NOTAS

Capítulo 1

1. James Traub, "Into the Mouths of Babes," *New York Times Magazine*, 24 de julho de 1988.

2. Ibid., p.38, 52.

3. Ibid., p.20.

4. Chris Welles, "What Led Beech-Nut Down the Road to Disgrace?", *Business Week*, 22 de fevereiro de 1988, p.125.

5. Ibid., p.126.

6. "Into the Mouths of Babes", p.53.

7. John R. Meyer e James M. Gustafson, orgs. *The US. Business Corporation: An Institution in Transition* (Nova York, 1989).

8. Empresas podem ser altamente inovadoras a curto prazo enquanto ignoram a ética empresarial. Precisamos apenas ler a descrição de Michael M. Lewis sobre a Salomon Brothers na década de 80 para encontrar prova de uma impressionante chuva de inovações e aceitação de riscos em uma empresa *macho*, tipo lobo-come-lobo, altamente fragmentada. [*Liar's Poker (Nova York, 1989)*]. A viabilidade a longo prazo desse método parece duvidosa, quando comparada com as forças conservadoras que o respeito mútuo e o espírito de equipe podem gerar ao longo do tempo.

Capítulo 2

1. Este argumento foi clara e convincentemente apresentado por um industrial e servidor público, Clarence B. Randall, *The Executive in Transition* (Nova York, 1967), p.138.

> O problema é que a campainha de alarme da consciência não toca quando eles tomam decisões. Lançam-se à ação sem parar para refletir sobre as implicações morais do curso no qual arriscam a si mesmos e suas empresas.

> Foram cuidadosamente treinados em engenharia, contabilidade de custos, formação de preços, relações humanas e outros aspectos da administração, mas não em ética.

2. Todos os nomes são fictícios.

3. Divergências sobre questões éticas e sobre o que está em jogo e como enfrentar a situação — sejam ocasionadas por julgamentos pessoais diferentes ou pela natureza da situação — são comuns na prática. Uma indicação neste particular é dada por um estudo empírico da ética da administração de lucros, no qual foi perguntado a 200 administradores em duas firmas e a 108 auditores internos que indicassem como julgavam, em termos éticos, 13 cenários possíveis. O estudo revelou divergências importantes entre os respondentes com relação à maioria dos cenários e deu o seguinte exemplo:

> O gerente-geral ordenou a seus empregados que adiassem todas as despesas discricionárias (como, por exemplo, viagens, publicidade, contratação, manutenção) de novembro e dezembro até janeiro, de modo a que a divisão pudesse atingir os níveis de lucros do orçamento anual. Total esperado das despesas adiadas: 150.000 dólares.

Distribuição das respostas dadas pelos 308 gerentes e auditores:

Prática ética	150
Prática duvidosa	52
Pequena infração	50
Infração grave	42
Totalmente antiética	14

Kenneth A. Merchant e Joanne Rockness, "The Ethics of Managing Earnings: An Empirical Investigation", extraído de um manuscrito preparado para publicação no *Journal of Accounting and Public Policy.*

4. Touche Ross & Company, "Ethics in American Business", janeiro de 1988, p.14.

5. O problema das opiniões conflitantes sobre a relação correta entre negócios e ética é descrito por Kenneth E. Goodpaster, "The Moral Agenda of Corporate Leadership: Concepts and Research Techniques", no D.S. MacNaughton Symposium Proceedings 1986, *The Ethical Dimensions of America's Corporate Practice: A Re-Examination*(Nova York, 1987), p.101-6.

6. Albert Z. Carr, "Is Business Bluffing Ethical?", *Harvard Business Review*, janeiro-fevereiro de 1968, p.143. O autor adverte administradores que devem fazer uma clara distinção entre padrões éticos e as regras que governam a prática comercial.

7. Algumas pessoas são orientadas principalmente por princípios morais, tais como os Dez Mandamentos, que enfatizam as ações (meios) praticadas. Dessa perspectiva *deontológica,* ou *formalística,* é errado mentir ou roubar, quaisquer que sejam as circunstâncias. Outras pessoas acreditam que atos não são bons ou maus em si, mas que devem ser julgados por suas conseqüências. A teoria mais influente nessa perspectiva *teleológica* é o *utilitarismo*, que prescreve que devemos agir de modo

a criar o maior bem para o maior número de pessoas. Outras conhecidas teorias éticas incluem o *contratismo*, baseado na idéia de um contrato social, o *relativismo*, que considera todas as crenças normativas como uma função da cultura ou da pessoa individual. Há ainda o conceito de *justiça* — isto é, dar a cada um de acordo com sua necessidade individual, segundo o esforço pessoal, em parcela igual, ou de acordo com alguma outra maneira de medir. Para uma descrição concisa das teorias éticas comuns, ver R.E. Reidenback e D.P. Robin, "Toward the Development of a Multidimensional Scale for Improving Evaluations of Business Ethics", *Journal of Business Ethics 9*, agosto de 1990, p.650-2.

8. Construindo sobre um contexto conceitual de desenvolvimento moral a partir de fundações estabelecidas por Sigmund Freud, Jean Piaget, Erik Erikson e outros, o falecido psicólogo de Harvard, Lawrence Kohlberg, identifica seis estágios de raciocínio moral com o objetivo de descrever como pessoas definem o certo do errado:

a. Recompensa e punição. (Pai ao filho: "Eu lhe dou uma surra se você mentir.")

b. Individualismo e reciprocidade. ("Você coça minhas costas e eu coço as suas.")

c. Conformidade interpessoal. (Vivemos de acordo com o que a nossa família, nossos amigos ou a sociedade em geral espera de nós.)

d. Lei e ordem. (Cumprimos nossas obrigações a fim de manter o sistema funcionando como um todo.)

e. Contrato social. ("O maior bem para o maior número.")

f. Princípios universais. (Temos um senso de compromisso pessoal com princípios morais universais como justiça, igualdade e a dignidade de todos os seres humanos.)

Lawrence Kohlberg, *Essays on Moral Development, v.I: The Philosophy of Moral Development* (São Francisco, 1981).

Essa estrutura moral amplamente citada baseia-se no primado e universalidade de princípios raciocinados. Carol Gilligan, em seu percuciente livro sobre a psicologia da mulher, propõe um conceito alternativo para a compreensão moral, baseado em considerações situacionais e em senso de empatia e responsabilidade para com os demais (*In a Different Voice* (Cambridge, MA:1982). Um constructo moral focaliza-se mais na maneira como os demais merecem ser tratados (direitos), o outro em como o indivíduo deve tratar seu semelhante (responsabilidades). A diferença talvez pareça ser de semântica (dois lados da mesma moeda), embora Gilligan argumente convincentemente que o modo de compreensão moral de uma pessoa provavelmente produz um impacto profundo sobre a maneira como ela pensa em termos de conflito e opção.

9. Barbara Ley Toffler, *Tough Choices* (Nova York: 1986), p.20.

10. Frederick B. Bird e James A. Waters, "The Moral Muteness of Managers", *California Management Review*, v.32. nº 1, outono de 1989, p.73-88.

11. James A. Waters e Frederick Bird, "The Moral Dimension of Organization Culture", *Journal of Business Ethics* 6 (1987), p.15-22. Este artigo desenvolve

um conceito de *stress* moral, discutindo-lhe as causas, conseqüências, e como pode ser reduzido.

12. Chris Argyris, *Overcoming Organizational Defenses* (Boston: 1990), p.25.

13. Waters, "The Moral Dimension...", p.21.

14. Ver Jay W. Lorsch e E. MacIver, *Pawns or Potentates* (Boston: 1989) para uma penetrante discussão do funcionamento das diretorias nas sociedades anônimas americanas.

15. Um estudo sobre a maneira como gerentes obtêm informações de importância estratégica para a firma observa que muito do que chega ao alto escalão não é solicitado. Pessoas de dentro e fora da firma fornecem informações porque sabem dos interesses do executivo e dispõem de meios convenientes de transmiti-las. (Ver Francis J. Aguilar, *Scanning the Business Environment* (Nova York: 1967), p.98-117. Esta observação pode proporcionar uma lição igualmente valiosa para administradores que querem se informar a respeito de assuntos éticos.

16. Para uma percuciente discussão deste problema, ver Chris Argyris, "Skilled Incompetence", *Harvard Business Review*, set.-out. de 1986, p.74-9.

17. De acordo com George C. Lodge, as definições de certo e errado estão mudando radicalmente, à medida que a sociedade americana passa por uma grande transição em termos de ideologia (o contexto de idéias que uma comunidade utiliza para definir valores e para torná-los explícitos). Referindo-se à ideologia como "uma ponte que a comunidade usa para passar de idéias imemoriais, universais, não-controversas, tais como sobrevivência, justiça, economia, auto-realização e auto-respeito, para a aplicação desses motivos ao mundo real", ele explica como conceitos emergentes de direitos e obrigações aumentam a confusão sobre ética empresarial. "The Connection Between Ethics and Ideology", *Proceedings of the First National Conference on Business Ethics* (Waltham, MA: 1977), p.63-80.

Capítulo 3

1. Máquinas de arco voltaico, fontes de energia e eletrodos consumíveis respondiam por cerca de 90% das vendas da empresa em 1992, de 853 milhões de dólares. A Lincoln produz também motores elétricos industriais com potência integral em hp. Os vários produtos são vendidos nos mercados doméstico (56%) e internacional (44%). A matriz da empresa e suas principais instalações manufatureiras localizam-se na área de Cleveland, Ohio.

2. James F. Lincoln, "Our Philosophy", publicação da companhia, 1941.

3. James F. Lincoln, *Incentive Management* (Cleveland, 1951).

4. Lincoln Electric Company, 10K Report, 1992.

5. Norman Fast e Norman Berg, "The Lincoln Electric Company" (President and Fellows of Harvard College, 1975), p.10.

6. Ibid., p.10.

7. James F. Lincoln, "How Lincoln Motivated Men", *Civil Engineering - ASCE*, jan. de 1973.

8. Esta seção foi em grande parte extraída do estudo de caso "The Lincoln Electric Company", de autoria de Norman Fast e Norman Berg, analisado na Escola de Administração de Empresas de Harvard. A situação em princípios de 1994 era virtualmente a mesma que a descrita em 1975.

9. William Irrgang, "The Lincoln Incentive Management Program", Lincoln Lecture Series, Arizona State University, 1972, p.13.

10. *The Indianapolis Star*, 5 dez. 1982, p.4C. Os benefícios de aposentadoria descritos em 1982 continuam em vigor em 1994.

11. Executivos de bom senso começaram a estacionar seus carros na área fechada reservada a visitantes, por questões de segurança, em seguida ao seqüestro do antigo presidente do Conselho da Lincoln, em 1978.

12. Fast, op.cit, p.6.

13. John B. Matthews, Jr. "The Lincoln Electric Company (B)" (President and Fellows of Harvard College, 1978).

14. William Serrin, "The Way That Works at Lincoln", *The New York Times*, 15 jan. 1984.

15. Os testes demonstraram baixo nível de biodisponibilidade. Como resultado, essa alegação promocional foi suspensa. Mais tarde, o produto foi reformulado para aumentar a biodisponibilidade do cálcio.

16. Todas as três unidade do quadro superior descritas como servindo em funções de salvaguarda são subordinadas a executivos de marketing de alto nível. Esta relação de subordinação assegura que podem operar com certo grau de independência nas relações com as divisões de produto.

17. George C.S. Benson, "Codes of Ethics", *Journal of Business Ethics 8*, 1989, p.305.

18. Dow Jones & Company, Inc., "Conflicts of Interest Policy", sem data. A declaração de política, de cinco páginas, foi publicada em nome de Warren H. Phillips, na ocasião presidente do Conselho.

19. Donald H. Cressy e Charles A. Moore, "Managerial Values and Corporate Codes of Ethics", *California Management Review,* v.25, n. 4, 1983, p.54.

20. Benson, op.cit., p.308-9.

21. Laura L. Nash, "Johnson & Johnson's Credo", em *Corporate Ethics: A Prime Business Asset* (Nova York: 1988), p.95-6.

22. Em 1982, sete pessoas morreram depois de tomar cápsulas de Tylenol que haviam sido envenenadas com cianureto. Mesmo que o envenenamento tenha ocorrido fora das instalações da J&J e se limitasse à área de Chicago, a empresa retirou todas as cápsulas de Tylenol do mercado americano, com um custo estimado de 100 milhões de dólares. Simultaneamente, a companhia iniciou, juntamente com as comunidades médica e farmacêutica, uma campanha de comunicação, envolvendo 2.500 empregados em toda a empresa. Esta reação levou o *Washington Post* a escrever que "a Johnson & Johnson conseguiu mostrar-se ao público como uma companhia disposta a fazer o que é certo, qualquer que seja o custo."

23. "Johnson & Johnson's Credo", p.89-90.

24. Todas as três companhias orgulham-se, com razão, de fazerem negócios de maneira ética. O Credo e as salvaguardas descritas nos casos da J&J e General Mills, respectivamente, representam apenas um elemento de uma estrutura abrangente, que fomenta a conduta ética em cada uma delas. Para descrições do enfoque geral seguido pela J&J, ver "Johnson & Johnson (A)", em Francis J. Aguilar, *General Managers in Action*, segunda edição (Nova York: 1992), p.359-75), e Laura L. Nash, "Johnson & Johnson's Credo", em *Corporate Ethics: A Prime Business Asset* (Nova York: 1988), p.77-104. Quanto a General Mills, ver Kenneth R. Andrews, "Ethics in Policy and Practice at General Mills", em *Corporate Ethics: A Prime Business Asset, p.41-52.* O compromisso desta companhia referente ao serviço à comunidade é descrito no Capítulo 4.

25. Em um inquérito que abrangeu principalmente diretores e altos funcionários de grandes empresas, "o aumento da concentração nos lucros a curto prazo" foi classificado como a segunda mais importante condição que ameaçava abalar a ética empresarial americana (imediatamente atrás da "decadência das instituições culturais e sociais"). Touche Ross & Company, "Ethics in American Business", jan. 1988.

26. *Report of the National Commission on Fraudulent Financial Reporting,* 1987.

27. Kenneth A. Merchant, *Rewarding Results* (Boston: 1989).

Capítulo 4

1. William A. Mehler, Jr., *Let the Buyer Have Faith: The Story of Armstrong* (Lancaster, PA 1987), p.5.

2. Ibid., p.5.

3. Ibid., p.79.

4. Richard O. von Werssowetz e Michael Beer, "Human Resources at Hewlett-Packard" (President and Fellows of Harvard College, Cambridge, MA: 1982), Escola de Administração de Empresas de Harvard, caso 482-125.

5. Problemas desta natureza — quando agir certo em uma situação resulta em agir errado em outra — não são raros. Ver Abbot Lawrence Lowell, *Conflicts of Principle* (Cambridge, MA:1932).

6. "The New Dimensions of Corporate Citizenship", palestra pronunciada por H.B. Atwater, Jr., em Chicago, no dia 9 de novembro de 1982, perante o American Council of Life Insurance.

7. Kenneth R. Andrews, "Ethics in Policy and Practice at General Mills," *Corporate Ethics: A Prime Business Asset* (Nova York: 1988), p.43.

8. "Charitable Investment: A New Mode of Corporate Citizenship", observações de H.B. Atwater, Jr., na John F. Kennedy School of Government, Harvard University, 16 nov. 1987. Em abril de 1991, a General Mills era apenas uma das duas empresas que receberam o Prêmio de Ação Voluntária do Presidente, considerado como a mais prestigiosa distinção da nação por serviços à comunidade.

9. Ibid.

10. Para uma descrição mais detalhada do Programa Altcare, ver Timothy B. Blodgett, "Why General Mills Mixes in Health Care", *Harvard Business Review* mar.-abr. 1989, p.32-4.

11. Andrews, p.45-6.

Capítulo 5

1. *Forbes,* 28 mai. 1990, p.200.

2. Testes com papel e lápis para avaliar honestidade através de perguntas com respostas de múltipla escolha são em geral usados para suplementar entrevistas nos casos de empregados de nível mais baixo em empregos delicados ligados à segurança, tais como os que trabalham em joalherias. Poucas companhias que utilizam testes psicológicos tentam medir caráter moral através desse meio.

3. Fundado em 1963, o Mark Twain tornou-se um complexo bancário que oferece uma faixa completa de serviços financeiros através de sua rede de agências em St. Louis e Kansas City, Missouri, e várias agências em estados vizinhos. Empregava cerca de 1.100 funcionários em 1993.

4. Qualificações profissionais indubitavelmente ajudaram os recrutadores do Mark Twain a avaliar a retidão de candidatos. As três condições para os empréstimos eram "caráter, fluxo de caixa e garantias", e o Mark Twain enfatizava deliberadamente o caráter do prestamista na concessão de empréstimos. Os recrutadores, neste caso, eram hábeis como banqueiros em julgar caráter.

5. De acordo com vários especialistas profissionais no campo de psicologia e testes industriais, o entrevistador experiente pode geralmente sentir, no curso de longas entrevistas, quando as pessoas são francas em suas respostas e quando escondem alguma coisa.

6. Frederick B. Bird e James A. Waters, "The Moral Muteness of Managers", *California Management Review*, vol.32, nº 1, out. 1989, p.80, 83. A declaração termina com referência aos gerentes. Conforme argumentamos em capítulos anteriores, a participação em discussões francas sobre ética empresarial deve estender-se além dos quadros da administração para incluir todos os que afetam a conduta ética da firma.

7. Como em outras companhias examinadas, a ServiceMàster adotava um enfoque abrangente, com vistas a motivar operações éticas. Este relato concentra-se em sua estratégia para aprimoramento do empregado, que era decisiva para transformar trabalhadores de serviços desanimados e sem direitos em empregados interessados e cuidadosos.

8. James L. Heskett, "ServiceMaster Industries, Inc.", (President and Fellows of Harvard College, Cambridge, MA: 1987), caso 388-064 da Harvard Business School.

9. Tim W. Ferguson, "Business World", *The Wall Street Journal,* 8. mai. 1990, p.A25.

10. *Forbes,* 28 mai. 1990, p.200, 202.

11. Relatório Anual da General Electric Company. Welch tinha mais do que ética em mente quando usou a palavra *valores*. Sua preocupação com qualidade, rapidez de ação, aceitação de riscos e outras considerações sem dúvida também estavam em jogo. Não obstante, sua análise aplica-se à questão mais limitada abordada neste capítulo.

12. *Cornerstone Five: Ethical Leadership* (Texas Instruments: 1992), p.1.

Capítulo 6

1. Esta observação foi feita por Robert W. Ackerman, *The Social Challenge to Business* (Cambridge, MA: 1975), p.61, a respeito de um estudo em profundidade sobre maneiras como várias empresas enfrentavam grandes mudanças nas expectativas da sociedade relativas a assuntos tais como oportunidades iguais no emprego e abatimentos no Imposto de Renda de pessoas jurídicas por medidas tomadas contra a poluição.

2. A TI, na verdade, adiou sua adesão a DII até fevereiro de 1988, quando a administração satisfez-se com a solução de várias questões, tais como direitos dos empregados, obrigação de revelar detalhes de certas operações e identidade da organização independente que seria responsável perante o público.

3. "Sudden Change at General Dynamics", *Fortune*, 24 jun. 1985. Os escândalos, que se estenderam por mais de uma década, foram ainda mais dramatizados pelas maquinações de Panegiotis Takis Veliotis, que alegadamente recebera muitos milhões de dólares em "bolas" e subornos enquanto servia como diretor-geral da General Dynamics Electric Boat Division antes de fugir do país. *Forbes,* 16 jan. 1984.

4. Esta descrição baseia-se, em grande parte, em um penetrante estudo de caso publicado pelo dr. Richard A. Barker, "An Evaluation of the Ethics Program at General Dynamics", *Journal of Business Ethics*, v.12, nº 3, mar. 1993, p.165-77. A Electronics Division, localizada na área de San Diego, empregava cerca de 3.500 pessoas na ocasião do estudo, representando aproximadamente 3% dos empregados da empresa. Na época em que ocorreram os fatos, o dr. Barker fora empregado da General Dynamics, no nível médio de gerência, durante treze anos.

5. Ibid., p.171.

6. Ibid., p.172.

7. Ibid., p.175.

8. Ibid.

9. General Dynamics, *Standards of Business Ethics and Conduct*, p.1.

10. "Evaluation of the Ethics Program", p.185.

11. O problema de funcionários graduados de linha contrariarem o trabalho do quadro responsável pelo desenvolvimento ou administração do programa de ética pode ocorrer em qualquer empresa, mesmo nas que têm um forte compromisso com o tema. A descrição seguinte fornece um vívido exemplo desse fato, com referência ao uso de informações privilegiadas sobre as ações da St. Regis, pouco

antes de ser feita uma oferta de compra da companhia: "O departamento de fiscalização da Goldman, que devia ter passado em revista essas negociações feitas por Freeman, mostrou-se tão sonolento quanto a Kidder, Peabody's e Drexel's. Os funcionários de baixo prestígio da Goldman não ousariam desafiar as negociações de um sócio poderoso como Freeman. A Goldman dificilmente foi excepcional neste particular." James B. Stewart, *Den of Thieves* (Nova York: 1991), p.160.

12. "Evaluation of the Ethics Progress", p.176.

13. Em princípios de 1993, houve rumores de que a Salomon Brothers estava pensando em recontratar John Meriwether a fim de assumir o comando de suas desorganizadas operações de compra e venda de ações. Esta possibilidade levou o comentarista Gary Weiss a concluir: "Recontratar o principal *trader* equivaleria a um sinal aos mercados e autoridades regulamentadoras de que a Salomon ainda considera os lucros acima de tudo — incluindo a imagem que mostra ao público." "Solly: Whatever Happened to Cleaning House?", *Business Week*, 25 jan. 1993, p.43.

Capítulo 7

1. "Taming the Monster: How Big Companies Can Change", *Wall Street Journal*, 22 dez. 1992, p. A1 e A4.

2. Francis J. Aguilar e Arvind Bhambri, "Johnson & Johnson (A)" (President and Fellows of Harvard College, Cambridge, MA: 1983), constante do *General Managers in Action*, de Francis J. Aguilar, segunda edição (Nova York: 1992), p.536-7.

3. *Wall Street Journal*, op. cit. Uma comissão executiva constituída de onze membros é o principal grupo da alta administração na J&J responsável pelas políticas e operações da empresa.

4. Ibid.

5. Marvin Bower, ex-diretor-gerente da McKinsey & Company, descreveu a cultura empresarial como "a maneira como fazemos as coisas por aqui". *The Will to Manage* (Nova York: 1966). Abrangendo valores e filosofia organizacionais como produtos da cultura empresarial, Schein argumenta que a cultura influencia *tudo* o que o administrador faz, mesmo seu próprio pensamento e sentimentos. Edgar H. Schein, *Organization Culture and Leadership* (São Francisco, 1985), p.314. Para mais uma discussão da influência que valores empresariais exercem sobre membros individuais ver Amitai Etzioni, *The Moral Dimension: Toward a New Economics* (Nova York: 1988).

6. Para uma vívida história da Nucor Steel e de como a empresa administrou uma grande inovação de alto risco na indústria siderúrgica ver Richard Preston, *American Steel* (Nova York: 1991).

7. Uma sensível matéria de capa, descrevendo as experiências de uma vítima da AIDS na Digital Equipment Corporation, chama atenção para a importância de se instituir desde cedo os necessários sistemas de apoio e o considerável esforço e

atenção cuidadosa que devem ser mobilizados para desenvolver políticas e práticas eficazes para enfrentar essa questão emocional e comovente. "Managing AIDS", *Business Week,* 1º fev. 1993, p.48-54.

8. Estes comentários refletiam a *bête noire* administrativa da década de 80. Desde então o crescente ativismo de acionistas e a correspondente sensibilidade das diretorias de empresas (sociedades anônimas) ganharam importância neste particular, à medida que poderosos funcionários executivos — tais como Robert Stempel, da General Motors, John Akers, da IBM, Paul Lego, da Westinghouse, e James Robinson, do American Express — foram demitidos de seus cargos.

9. *Wall Street Journal,* 2 nov. 1988.

10. *Fortune,* 5 dez. 1988.

11. *Business Week,* 29 jun. 1992, p.38.

12. *Business Week,* 3 ago.1992, p.24.

13. Por exemplo, em meados de 1993, a Sears lançou o maior oferecimento inicial de ações ao público jamais feito por qualquer companhia americana ao vender aproximadamente 20% da Allstate — que é a segunda maior seguradora de carros e residências da nação — por aproximadamente 2 bilhões de dólares. Anteriormente, no mesmo ano, numerosos americanos ficaram tristes ao saber que o outrora onipresente catálogo da Sears seria suspenso após 97 anos de publicação.

14. *Business Week,* 11 dez. 1989, p.84-8.

15. "Running Ahead, But Running Scared", *Forbes,* 13 mai. 1991, p.38-40.

16. *Business Week,* 1º mar. 1993, p.61.

17. Para uma descrição de um dos trabalhos de revitalização mais abrangentes em anos recentes ver os estudos de caso "General Electric: Reg Jones and Jack Welch" e "General Electric — Preparing for the 1990s", em Francis J. Aguilar, *General Managers in Action,* segunda edição (Nova York: 1992), p.407-62. Esta notável transformação de uma das maiores empresas industriais americanas começou sob Fred Borch, em fins da década de 60, e continua em andamento, mais de 25 anos depois, sob a direção de Jack Welch.

18. Um estudo de nove grandes empresas produziu a seguinte avaliação do planejamento formal como instrumento para elaboração de estratégias eficazes:

> Embora o método de planejamento formal seja excelente para algumas finalidades, ele tende a focalizar-se em forças quantitativas mensuráveis e a subestimar os vitais fatores qualitativos, organizacionais e de poder/comportamento que, com tanta freqüência, determinam o sucesso estratégico em uma situação após outra. O método pode facilmente tornar-se uma rotina rígida, pesadona, usada principalmente como base para controle financeiro, e não como um desafio criativo orientador de direção.

James Brian Quinn, *Strategies for Change: Logical Incrementalism* (Homewood, Ill: 1980), p.14-5.

BIBLIOGRAFIA

Ackerman, Robert W. *The Social Challenge to Business* (Cambridge, MA: 1975).

Aguilar, Francis J., *General Managers in Action*, 2ª ed. (Nova York: 1992).

_______. *Scanning the Business Environment (*Nova York: 1967).

_______. "Bard MedSystems Divison" (Cambridge, MA: 1987), estudo de caso 387-183 da Harvard Business School.

_______. "General Electric: Reg Jones and Jack Welch" (Cambridge, MA:1991), estudo de caso 391-144 da Harvard Business School.

_______. "General Electric: Preparing for the 1990's" (Cambridge, MA:1989), estudo de caso 390-091 da Harvard Business School.

_______. e Arvin Bhambri, *Johnson & Johnson (A*) (Cambridge, MA:1983), estudo de caso 384-053 da Harvard Business School.

Andrews, Kenneth R., "Ethics in Policy and Practice at General Mills", em *Corporate Ethics: A Prime Business Asset* (Nova York:1988), p.41-52.

Argyris, Chris, *Overcoming Organizational Defenses* (Boston: 1990).

_______. "Skilled Incompetence", *Harvard Business Review*, set.-out 1986, p.74-9.

Barker, Richard A., "An Evaluation of the Ethics Program at General Dynamics, *Journal of Business Ethics*, v.12. n.3, mar. 1993, p.165-77.

Benson, George C.S., "Codes of Ethics", *Journal of Business Ethics*, v.8. n.5, mai. 1989, p.305-19.

Bird, Frederic B. e James A. Waters, "The Moral Muteness of Managers", *California Management Review*, v.32, n.1, outono 1989, p.73-88.

Blodgett, Timothy B., "Why General Mills Mixes in Health Care", *Harvard Business Review*, mar.-abr. 1989, p.32-4.

Bower, Marvin, *The Will to Manage* (Nova York: 1966).

Carr, Albert Z., "Is Business Bluffing Ethical", *Harvard Business Review*, jan.-fev. 1968, p.143-53.

Cressy, Donald H. e Charles A. Moore, "Management Values and Corporate Codes of Ethics", *California Management Review,* v.25, n.4, 1983, p.53-77.

Etizioni, Amitai, *The Moral Dimension: Toward a New Economics* (Nova York: 1988).

Fast, Norman e Norman Berg, "The Lincoln Electric Company" (Cambridge, MA: 1975), estudo de caso 376-028 da Harvard School of Business.

Gilligan, Carol, *In a Different Voice* (Cambridge, MA: 1982).

Goodpaster, Kenneth E., "The Moral Agenda of Corporate Leadership Concepts and Research Techniques", em D.S. MacNaughton Symposium Proceedings, 1986, *The Ethical Dimensions of America's Corporate Practice: A Re-Examination* (Syracuse University: 1987), p.101-6.

Heskett, James L., "Service Master Industries, Inc." (Cambridge, MA, 1987), estudo de caso 388-064 da Harvard Business School.

Kohlberg, Lawrence, *Essays on Moral Development,* v.1: *The Philosophy of Moral Development* (São Francisco: 1981).

Lewis, Michael M., *Liar's Poker* (Nova York: 1989).

Lincoln, James F., *Incentive Management* (Cleveland: 1951).

Lodge, George C., "The Connection Between Ethics and Ideology", *Proceedings of the First National Conference on Business Ethics* (Waltham, MA: 1977), p.63-80.

Lorsch, Jay W. e E. MacIver, *Pawns or Potentates* (Boston, MA:1989).

Lowell, Abbot Lawrence, *Conflicts of Principle* (Cambridge, MA: 1932).

Matthews, John B., Jr., "The Lincoln Electric Company (B)" (Cambridge, MA: 1978), estudo de caso 378-216 da Harvard Business School.

Mehler, William A., Jr., *Let the Buyer Have Faith: The Story of Armstrong* (Lancaster, PA: 1987).

Merchant, Kenneth A., *Rewarding Results* (Boston, MA: 1989).

Meyer, John R. e James M. Gustafson, orgs., *The US Business Corporation: An Institution in Transition* (Nova York, 1989).

Nash, Laura L., "Johnson & Johnson's Credo", em *Corporate Ethics: A Prime Business Asset* (Nova York: 1988).

Preston, Richard, *American Steel* (Nova York: 1991).

Quinn, James Brian, *Strategies for Change: Logical Incrementalism,* Homewood, IL.: 1980).

Randell, Clarence B., *The Executive in Transition* (Nova York: 1967).

Reidenbeck, R.E. e D.P. Robin, "Toward the Development of a Multidimensional Scale for Improving Evaluations of Business Ethics", *Journal of Business Ethics*, v.9, n.8, ago. 1990, p.639-53.

Schein, Edgar H., *Organizational Culture and Leadership* (São Francisco: 1985).

Stewart, James B., *Den of Thieves* (Nova York: 1991).

Toffler, Barbara Ley, *Tough Choices* (Nova York: 1986).

Touche Ross & Company, "Ethics in American Business", jan. 1988.

von Werssowetz, Richard O. e Michael Beer, "Human Resources at Hewlett-Packard" (Cambridge, MA: 1982), estudo de caso 482-125 da Harvard Business School.

Waters, James A. e Frederick Bird, "The Moral Dimension of Organizational Culture", *Journal of Business Ethics*, v.6, n.1, p.15-22.

ÍNDICE REMISSIVO

abuso substancial, 43, 115, 171-2
Adams, William, 86-8
Administração de Alimentos e Medicamentos, 13
administração operacional, 29-30
Armstrong World Industries, 82, 86, 87, 94, 110-1, 121, 133
  Armstrong, Thomas, 87-90
  princípios éticos, declaração de, 82-3
Aronson, Adam, 116-7, 119
Atwater, H.B., Jr., 106-8
auditoria, 70
Aycock, David, 67, 168-70
avaliação de desempenho, 107, 125-31

Beech-Nut, 12-4
Blumenthal, W. Michael, 114, 131-3
Bodes expiatórios, 109
Boeing Company, 174
Brennan, Edward A., 173
Buffet, Warren, 160
Burke, James E., 11-2, 79-82, 164-5
Burlington Northern Railroad, 38-9
Burns, Lewis, 17-9

caráter moral, avaliação do, 115, 117, 132
Clare, David, 79, 165
códigos de conduta. Ver códigos de ética.
códigos de ética, 75-83
  credibilidade, assegurando a, 78-83
  credos, 75-9
  credo da Johnson & Johnson, 79-83
  interesseiros, 77-8
  credo da Texas Instruments, 148-9
Comissão de Alto Nível sobre Administração da Defesa, 138
Comissão Packard, 138
Comissão Nacional sobre Relatórios Financeiros Fraudulentos, 84
comportamento antiético,
  custos do, 11, 15, 21-3
  definição do, 178 n.3
  falsa publicidade, embalagem, 72-4
  pagamento de "bolas" (propinas), 20-1
  pressões do orçamento e o, 103-5
  pressões por desempenho (resultados) financeiro, 14-5, 84, 160
compromisso da empresa, 36
  clima ético, 48-9
  envolvimento na Texas Instruments, 148-54
  desconfiança, 37
  adaptabilidade à empresa, 110
  ressentimentos, 15, 37-8
  estrutura de políticas e práticas, 54-9
  confiança, 17-9, 24, 109-10
comunidade, serviços à, 105-10
compensação (remuneração), 58, 61-3, 83-5, 106-7
  pagamento por desempenho, 84

concentração no consumidor, 56-60, 67, 68, 73
na Johnson & Johnson, 11, 163-6
na Lincoln Electric, políticas na, 56-60, 66
concentração no empregado, 60-8, 123-9, 168
compensação (remuneração), 60-3
controle do ambiente de trabalho, 63-4
segurança no emprego, 60, 63-4, 100-2
mordomias, evitar as, 63-5, 95-6
inquérito sobre as opiniões dos, 64
conduta ética
avaliação da, 84-5, 93-4
recompensa da, 112
contratação de pessoal ético, 31, 113-5, 134-5
controle, sistemas de, 70-1
corruptoras, influências, 21
Cray Research, 75-6, 166
código ético/credo da, 75
credos éticos. Ver códigos de ética
cultura empresarial, 185 n.5

desenvolvimento moral, 43, 119-23, 179 n.8
mudez-moral, 45-7, 97
Dieterich, padrão, 18-9
Digital Equipment Corporation, 185 n.7
DII. Ver Iniciativas da Indústria de Defesa sobre Negócios e Conduta Ética
dilemas éticos, 44, 101, 112
diretores, junta de, 49, 106-8
Dover Corporation, 16-21, 23, 48, 70
Dover Industries, 16, 18, 172
Dow Jones & Company, 52, 76-7
Drexel Burnham Lambert, 12
Druyvesteyn, Kent, 158
Dubinsky, John, 48, 50, 116-7, 119

éticas, salvaguardas. Ver salvaguardas éticas
estratégia competitiva, 25
estratégia empresarial, 22-3, 29-30, 171
na Dover, 16-8
e relação com a ética, 170-5
na Lincoln, 57-8
ética empresarial. Ver ética, na empresa/nos negócios,
benefícios, 12, 21-2, 162-3
programa de, 30-1
salvaguardas, 54
compromisso com a, 36
assédio sexual, 52-3
e as atividades empresariais, explorando as possibilidades de, 102-5
lições aprendidas de, General Dynamics, 157-8
custos, 162
objetivos da, 41-4
finalidade da, 52-3
riscos, 21-4
suspensão de atividades de, 112

filosofia moral, 42-4, 178 n.7

General Dynamics, 154-61
Diretor de Ética da, 155-8
Programa de Ética da, 154-6
lições aprendidas com a, 157-9
General Mills, 71-4, 83, 105-10, 111, 112, 129
declaração de valores empresariais da, 71, 72
General Motors, 15, 35, 174, 186 n.8
Green, Cecil, 137
Groen Company, 19-20
Gutfreund, John, 12, 160

Haggerty, Pat, 138
Hastings, Donald F., 65
Heinz, H.J., 173
Hewlett-Packard, 86, 95-102, 110, 135, 166
Divisão de Telecomunicações do Colorado, 94-5, 97, 99
Divisão de Colorado Springs, 99, 101
Estilo HP, 98
declaração de objetivos da empresa, 98

Hewlett, William R., 98
Hoyvald, Neil L., 12, 14

IBM, 35, 174, 186 n.8
ideologia, 180 n.17
iniciativas sobre Ética e Conduta
Empresarial da Indústria de
Defesa, 138-40
inovação, 21-24
fracassos, aceitação de, 165, 169
na Johnson & Johnson, 163-6
na Nucor Steel, 166-70
recompensa da, 169
suspensão de experimentos de,
165, 169
Iverson, Ken, 48, 51, 167, 170, 175

Johnson & Johnson, 79-83, 163-6,
175, 181 n.22
credo, 79-81, 163
direção estratégica, declaração de,
163-4
crise do Tylenol, 81-2, 181 n.22
Johnson, Eric, 137
julgamento ético, aguçando o, 51
Junkins, Jerry R., 137, 140-1, 148,
161

Larson, Ralph S., 165
Lei de Alimentos, Medicamentos e
Cosméticos, 13
Lavery, John F., 12-5
Lewis, David, 154-5
liderança ética, 131-5
avaliação da, 132
impedimentos a, 37-41
qualidades da, 134-5
substituição da, em companhias
em dificuldades, 160-1
Lincoln Electric Company, 54-70, 83,
122
Lincoln, James F., 55-6, 60-1, 64, 70
"linha quente" ética, 48-9, 143, 144

má conduta ética, desestimulando a,
92-4
avaliando o desempenho, 93-4
punindo violadores, 93-4
aparências duvidosas, 92
evitar a, 92
Mark Twain Bancshares, 47, 50,
75-6, 115-20, 129
Milken, Michael, 12
mudança, processo de, 153-4

Nestlé, 13
normas éticas, 52
Nucor Steel, 48, 51, 166-70, 175

Ombudsman empresarial, 49
O'Reilly, Anthony J.F., 174-5

Pace, Stanley, 154-60, 157
Packard, David, 95, 98, 138
padrões éticos, mudança dos, 136-7
promoção dos, 88-93
mordomias, evitando, 63-5, 95-6
acesso à administração, 92-3
retroalimentação sobre os, 130
"linha quente" sobre, 48-9, 142-3
histórias inspiradoras sobre, 89-91
ombudsman empresarial e, 49
palestras para levantar o moral e
os, 88-91
materiais publicados sobre, 150-3
modelos de papéis a imitar e, 90-2
pagamentos ilegais, 20
pessoal ético, 31, 113-5, 134-5
atraindo, 113-9
desenvolvendo, 119-23
delegando poderes a, 122-3
contratação de, 113-9
seleção de, 17-8, 113-9
políticas voltadas para os acionistas,
68-71
Pollard, C. William, 124, 127
problemas éticos,
considerações concretas,
focalização em, 48-9, 120-1
diretrizes para ação, 41-3
ocultos, 38-40
intratáveis, 43-5
má interpretação dos, 28-32, 39-41
estabelecer a relevância dos, 28,
48-9
relutância em discutir os, 27-9, 45-7

evitar os, 70-5, 27
dilemas, 44-5
resolver os, 28
na Texas Instruments, 137-54
processo ético, administração do, 29-36
programas de qualidade, impacto sobre a conduta ética, 49-50, 102-4

relacionamento com fornecedores, 99-100, 117-20
renovação empresarial, 22-4
Rickover, Hyman, 154
Roubos, Gary, 16, 19, 48

Salomon Brothers, 12, 160, 177 n.8, 163 n.13
salvaguardas éticas, 70-5
auditoria, 70
custos, 74
critérios, 74
padrões, 36-7, 74-5, 110-1
Sears, Roebuck & Co., 172-4, 186 n.13
segurança no emprego, 63
sensibilidade ética, 29-31
rede de comunicações, Texas Instruments, 142-5
estimulando a, 46, 52
grupos representativos, 141-3
"linha quente", 48-9
fontes de informação sobre a, 47
manutenção da, 52-3
pesquisa, empregados, 48-9, 82, 145, 147
na Texas Instruments, 137, 145
fontes não-intencionais de reforço da, 49-51
ServiceMaster Company, 123-9
Shrontz, Frank, 174
Skooglund, Carl, 141-54, 159
St. John's Hospital, 123-5
superalimentador ético, 21, 24, 31-2, 162-3, 166, 170-1
Sutton, Thomas, 19

testes psicológicos, 168, 183 ns. 2,5
Texas Instruments, 35, 130-1, 133, 137-54, 159, 161
efeito do orçamento sobre a ética, 103-5
rede de comunicações da, 142-5
Pedra Fundamental, 152-3
credo, 149
Diretor de Ética, 141-2
Diretoria de Ética, 141
Cartas sobre ética, 143
pesquisa sobre ética, 143, 145-7
Caixa de Ferramentas Ética, 152
envolvimento da empresa, 148-54
material de promoção (propaganda), 150-4
aprendizagem pela alta administração da, 145
"O Compromisso da TI", 149-50
treinamento, 119-22, 125, 126
exercício de treinamento de ética, 121
na Hewlett-Packard, 97-8
rotação (giro) de mão-de-obra, 120-2
na Texas Instruments, 149-50
TRW, 35, 154

valores empresariais, 97-8

Welch, Jack, 132, 186 n.17
Winan, R. Foster, 52, 77

Este livro foi composto pela TopTextos em Times New Roman e impresso por Tavares e Tristão Ltda., em novembro de 1996.

Este livro foi composto pela TopTextos, em Times New Roman, e impresso por Tavares e Tristão Ltda., em novembro de 1996.